YOUCAT 견진

성숙한 신앙생활로 이끄는 안내서

YOUCAT
견진

지은이
베른하르트 모이저 | 닐스 바에르

옮긴이
최용호

가톨릭출판사

YOUCAT 견진

2014년 11월 3일 교회 인가
2015년 12월 8일 초판 1쇄 펴냄
2024년 8월 2일 초판 10쇄 펴냄

지은이 · 베른하르트 모이저, 닐스 바에르
옮긴이 · 최용호
펴낸이 · 정순택
펴낸곳 · 가톨릭출판사
편집 겸 인쇄인 · 김대영
편집 · 김소정, 강서윤, 김지영, 박다솜
디자인 · 강해인, 송현철, 이경숙, 정호진
마케팅 · 안효진, 황희진

본사 · 서울특별시 중구 중림로 27
등록 · 1958. 1. 16. 제2-314호
전자우편 · edit@catholicbook.kr
전화 · 1544-1886(대표 번호)
지로번호 · 3000997

ISBN 978-89-321-1421-7 03230

값 11,000원

가톨릭의 모든 도서와 성물을 '가톨릭출판사 인터넷쇼핑몰'에서 만나 보실 수 있습니다.
http://www.catholicbook.kr | (02)6365-1888(구입 문의)

성경 · 교회 문헌 © 한국천주교중앙협의회

이 책의 한국어 출판권은 (재)천주교서울대교구 가톨릭출판사에 있습니다.
저작권법에 의해 한국 내에서 보호를 받는 저작물이므로 무단 전재와 무단 복제를 금합니다.

© 2014 YOUCAT Foundation gemeinnützige GmbH.
Sole shareholder of the YOUCAT Foundation is the International Pontifical Relief Aid to the Church in Need (ACN) based in Königstein im Taunus, Germany.
All rights reserved. The use of the brand is carried out with the consent of the YOUCAT Foundation.
YOUCAT® is an internationally protected brand name and logo. Filed under GM: 011929131
Design, layout, illustrations: Alexander von Lengerke, Cologne, Germany
'YOUCAT'이라는 책의 이름은 《YOUCAT》을 발행한 오스트리아 주교회의의 허가를 받아 사용함.

 ● 차례

1. 들어가는 말 8
- 1.1 마라톤과 견진성사 10
- 1.2 전류가 흐르는 전선처럼 10
- 1.3 자신 안에서 하느님의 힘을 느끼고 싶나요? 12
- 1.4 우리의 코치이신 하느님 13
- 1.5 《성경》과 《YOUCAT》 16
- 1.6 지켜야 할 네 가지 사항 17

2. 하느님에 관해 알 수 있는 것 20
- 2.1 하느님에 관해 알려고 하지 않는 이유 21
- 2.2 하느님을 찾을 수 없다면 23
- 2.3 작은 모래알의 기적 24
- 2.4 조금만 생각해 봐도 내릴 수 있는 결론 27
- 2.5 하느님의 계시를 담은 성경 30

3. 이 세상이 완전하지 못한 이유 32
- 3.1 이 세상의 낙원 33
- 3.2 마음과는 달리 선을 행하지 못하고 악을 일삼는 우리 35
- 3.3 원죄에서 벗어날 수 없는 우리 36
- 3.4 원죄에 관한 또 다른 이야기 38
- 3.5 낙원으로 가는 길 42

이 책에 사용된 기호의 의미

 성경 인용문　　 《YOUCAT》 관련 항목

 성인과 교부의 말씀, 유명인의 명언

4. 우리를 위해 오신 예수님 44

4.1 비현실적인 시나리오 45
4.2 어떤 영화보다도 멋진 하느님의 생각 46
4.3 아기로 태어나신 하느님? 48
4.4 참하느님이시며 참인간이신 예수님 50
4.5 모든 고통을 알고 계신 하느님 52

5. 예수님이 죽음을 맞으신 이유 54

5.1 예수님이 겪으신 고통 56
5.2 죽음에 이르게 한 펀치 59
5.3 예수님 죽음의 의미 61
5.4 다른 사람을 위해 자신을 희생한 사람들 62
5.5 대행의 신비 65

6. 부활에 관한 이야기 68

6.1 깨지고 만 전설 69
6.2 아무것도 사라지지 않았다 72
6.3 세계적 종교의 태동 73
6.4 예수님의 부활 장면 80
6.5 예수님의 부활이 우리에게 주는 의미 83

7. 성령을 찾아가는 여행 86

7.1 세상에서 가장 현대적인 종교 87
7.2 하느님이 세 분이시라고요? 88
7.3 알려지지 않은 위대한 존재 90
7.4 성령과 우리의 마음 92
7.5 우리가 만족할 수 없는 이유 93
7.6 오소서, 성령님! 95
7.7 성령의 아홉 가지 열매 97

8. 기도로 하느님과 가까워지기 104

- 8.1 기도란 무엇인가요? 105
- 8.2 마더 데레사 성녀에게 배우는 기도 106
- 8.3 진정으로 기도하기를 원하는 이들을 위해 108
- 8.4 가장 중요한 두 가지 기도 114
- 8.5 자유로운 기도로 하느님과 대화하기 117

9. 우리의 어머니인 교회 120
- 9.1 완전한 이들의 집단이 아닌 교회 121
- 9.2 교회의 신비를 이해하고 싶다면 125
- 9.3 그리스도의 몸인 교회 127
- 9.4 성령이 거처하시는 성전인 교회 128
- 9.5 하느님의 백성인 교회 129
- 9.6 교회의 두 가지 특성 129

10. 하느님의 놀라운 선물, 성체성사 134
- 10.1 신자라면 꼭 해야만 하는 일 135
- 10.2 좋은 관계를 유지하는 방법 138
- 10.3 선물의 달인이신 하느님 139
- 10.4 예수님이 우리에게 주신 가장 큰 선물 141
- 10.5 파스카 만찬 규정에 어긋난 예수님의 행동 143
- 10.6 성체성사에서 받는 은총 147
- 10.7 미사를 드리는 기쁨 150

11. 내 삶을 업데이트해 주는 화해의 성사! 152
- 11.1 삶과 신앙을 업데이트하기 153
- 11.2 우리를 망가뜨리는 것 154
- 11.3 새롭게 시작할 기회를 주시는 하느님 155
- 11.4 고해성사 시작하기 157
- 11.5 어떤 죄를 고백해야 하나요? 157

12. 견진성사 때 일어나는 일 162

사진 제공 172

1 마라톤과 견진성사
들어가는 말

여러분, 안녕하세요?

여러분은 혹시 마라톤 대회에 참가해 본 적이 있나요? 만약 여러분이 마라톤 대회에 참가하기로 결정했다고 생각해 봅시다. 그러려면 훈련이 필요할 것입니다. 늦어도 대회 6개월 전부터는 달리기 연습을 하면서 점차 속도도 높이고 거리도 늘려야 합니다. 좋은 성적을 받고 싶다면 식단도 조절해야 할 테니, 이름만 들어도 군침이 도는 치킨이나 달콤한 초콜릿은 한동안 먹을 수 없습니다.

그런 노력에 대한 보답으로 여러분의 몸은 시간이 지날수록 경기를 뛰기에 적합한 상태가 될 것입니다. 그렇게 준비하다 보면 마침내 마라톤 대회 날이 오겠지요. 만약 여러분이 그동안 준비를 잘했다면, 여러분은 비축된 체력을 바탕으로 다른 친구들보다 앞서 나가게 될 것입니다.

여러분이 견진성사를 준비하는 것도 이와 비슷하다고 할 수 있습니다. 견진성사를 제대로 준비하려면 오랫동안 교리를 공부해야 합니다. 이 말에 대해 여러분은 '물론 마라톤은 힘든 운동이라 잘 준비해야 할 테지만, 견진성사는 애써서 준비하지 않아도 받을 수 있지 않을까?'라고 의아해할지도 모르겠습니다. 하지만 견진성사에도 많은 준비가 필요합니다. 그 이유가 무엇일까요? 자, 그럼 마라톤과 비교해 볼까요?

1.1 마라톤과 견진성사

마라톤을 뛰려면 체력이 필요합니다.	견진성사를 받으려면 그에 합당한 마음가짐이 필요합니다.
그동안 비축한 힘을 이용해 마라톤을 뜁니다.	견진성사 때 하느님의 힘을 받고, 그 힘으로 살아가게 됩니다.
마라톤은 우리 몸의 능력을 향상시킵니다.	하느님은 견진성사를 통해 우리가 당신의 사랑받는 자녀이자 협조자라는 정체성을 강화시켜 주십니다.

물론 마라톤과 견진성사에는 다른 점이 더 많습니다. 만약 여러분이 이제까지 마라톤 대회에 나가 본 적이 한 번도 없다고 해도, 또 마라톤 대회에서 완주를 하든 기권을 하든, 일등을 하든 꼴등을 하든, 앞으로의 삶을 살아가는 데에는 아무런 문제가 없을 테니까요.

→ 34
하느님을 알게 되었다면 무엇을 행해야 하나요?

그러나 하느님이 계시다는 것을 알면서도 그분을 찾지 않는다면, 우리는 참으로 어리석고 알맹이가 없는 삶을 살게 됩니다. 따라서 견진성사는 우리가 하느님을 발견하고 그분께 마음을 열며 그분을 가까이에서 모실 수 있는 기회라 할 수 있습니다.

1.2 전류가 흐르는 전선처럼

여러분은 마더 데레사 성녀가 누구인지 알고 있지요? 그분은 가장 가난한 이들을 위해 자신의 삶을 바친 위대한 분으로,

전염의 위험을 전혀 두려워하지 않고, 죽어 가는 나병 환자들을 정성껏 돌보았습니다.

마더 데레사 성녀는 기차나 비행기를 타고 이동할 때 잠시라도 시간이 나면, 종잇조각에 하느님에 관한 중요한 생각들을 적곤 했습니다. 우리는 그분의 기록을 보며 아주 많은 것들을 배울 수 있습니다.

특히 아래와 같은 글도 남겼는데, 마음에 깊은 울림을 주는 글입니다. 여기에서 마더 데레사 성녀는 '견진성사'라는 단어를 사용하지는 않았지만, 견진성사의 핵심을 잘 알려 줍니다.

> "당신은 전선이 길 양편에 이어져 있는 모습을 본 적이 있지요? 전선에 전류가 흐르지 않는다면 전구를 켤 수 없습니다. 전선은 바로 당신과 나이고, 전류는 하느님입니다. 우리는 우리 안에 전류가 흐르게 하여 세상의 빛이신 예수님을 밝힐 수도 있고, 그렇게 되기를 거부하여 세상에 어둠을 퍼뜨릴 수도 있습니다."

이 글을 세 번, 다섯 번, 아니 열 번만 더 읽어 보세요. 이 글을 완전히 이해했다면 여러분은 즉시 주교님께 전화를 걸어 "주교님, 견진성사가 무엇인지 알았으니 저에게 성사를 주세요!"라고 청하고 싶을 것입니다.

하지만 그것은 마치 여러분이 마라톤 코치에게 전화를 걸어

→ 301
어떻게 해야 현명한 사람이 될 수 있나요?

"마라톤이 무엇인지 알았으니 당장 참가 신청서를 내주세요!"라고 말하는 것과 다를 바 없습니다. 그러면 코치는 콧방귀를 뀌며 이렇게 물을 것입니다. "마라톤을 몇 번이나 뛰어 봤나? 아니, 마라톤을 뛰어 본 적은 있나?"

긴 여행이라도 첫발을 내디뎌야 시작할 수 있는 법입니다. 여러분이 마라톤 대회에 참가하고, 좋은 기록까지 내고 싶다면, 잠자리에 들기 전 신발장에서 운동화를 꺼내 놓고 시계도 이른 아침 시간에 맞춰 놓아야 할 것입니다. 긴 시간을 두고 꾸준히 훈련하지 않고서는 결코 잘 뛸 수 없으니까요.

1.3 자신 안에서 하느님의 힘을 느끼고 싶나요?

전선에 대한 마더 데레사 성녀의 비유를 견진성사에 비추어 생각해 봅시다. 여러분은 하느님과 긴밀히 연결되어 있고, 여러분 안에 하느님이라는 전류가 흐르고 있다고 느끼나요?

아니면 자신은 하느님이라는 전류가 끊긴 채 너저분하게 늘어져 있는 전선과 같다고 생각하나요? 혹시 그렇다면 하느님을 친하고 가깝게 느낀 적이 있는지 생각해 봅시다.

→ 290
하느님은 우리가 자유로운 사람이 되도록 어떻게 도우시나요?

여러분은 하느님이 여러분을 사랑하고 보호해 주시며, 받아들이시고 이끌어 주신다고 느낀 적이 있나요? 또한 언젠가는 하느님의 사랑이 흐르는 전선이 되고 싶다는 생각이 드나요?

세상에는 하느님을 끊임없이 모독하는 사람도 있고, 마음 둘 곳을 못 찾고 이곳저곳 기웃거리는 사람도 있으며, 계속 빈둥거리면서 신앙생활을 게을리하는 사람도 있습니다. 그런데 그런 사람들은 마음에 공허함을 느끼기 쉽습니다. 그래서 그 공허함을 스마트폰이나 컴퓨터로 달래기도 하지요. 그러다가 모니터 속의 여성에게 집착하거나 음란물에서 헤어나지 못하기도 하고, SNS에 매달리거나 컴퓨터 게임에 중독되기도 합니다.

→ 287
진정한 '자유'란 악을 선택할 수도 있음을 의미하는 것은 아닌가요?

하지만 하느님은 우리가 그렇게 살기를 바라며 우리를 만드신 것이 아닙니다.

1.4 우리의 코치이신 하느님

하느님은 우리가 활기차고 당당하며 자유로

저는 그분에게 초대받았습니다. 그분은 저를 혼자 두지 않으셨으니까요. 그런데 저만 초대받은 것이 아닙니다. 여러분도 초대받았습니다.

프란치스코 교황

📖 → 1
우리가
이 세상에서
살아가는 목적은
무엇인가요?

운 사람이 되기를 바라십니다. 또한 당신 말고는 아무에게도 종속되지 않고 마음의 빛을 발하며 다정하고 너그러운 모습을 지니기를 원하십니다. 나아가 우리가 선을 지키고 사탄의 유혹에 대항하는 전사이자, 위기에 처한 이들을 돌보는 깨어 있는 수호자요, 가난한 이들과 박해받는 이들의 믿을 만한 친구가 되기를 바라십니다. 그리고 또…….

숨이 막힐 것 같다고요?

여러분이 하느님의 도움에 힘입어 하느님의 뜻을 흔들림 없이 따르며 살고자 한다면, 여러분에게 꼭 드리고 싶은 조언이 있습니다.

여러분이 성숙한 하느님의 자녀가 되기 위해서는 견진성사를 받아야 합니다. 또한 이제까지의 신앙생활을 돌아보고 신앙을 튼튼하게 하기 위해서도 견진성사는 필요하지요.

**하지만 성사를 받기 전에 꼭 알아야 할 내용들이 있습니다.
사실, 견진성사에 비하면 마라톤은 누워서 떡 먹기지요.**

이 책은 여러분이 견진성사를 잘 준비할 수 있게 도와줄 것이고, 여러분은 이 책에서 하느님과 함께하는 삶을 어떻게 살아가야 하는지 여러 조언을 얻게 될 것입니다. 그런데 교리를 배우는 동안 참조해야 할 책들이 있는데, 하나는 《성경》이고 다른 하나는 《YOUCAT》입니다.

여러분의 인생길은 하느님과 함께 걷는 길이며, 그 길의 끝에는 하느님이 계십니다. 그 길은 세례로 시작되었는데, 세례 때 부모님과 대부모님은 우리를 대신해서 신앙을 고백했습니다. 그로 인해 우리는 첫영성체로 성변화^聖^{變化}된 제병 속에 계시는 예수 그리스도를 받아 모실 수 있게 되었습니다. 그러나 이제 여기서 한 걸음 더 나아가야 합니다.

다시 말해 여러분은 교리를 공부하고, 그것을 믿음으로써 예수님께 자신의 믿음을 고백하고, 나아가 그 신앙을 다른 사람들에게 전할 수 있어야 합니다. 그것을 위해 여러분은 견진성사 때 성령을 받게 됩니다. 그 성령은 하느님의 선물이며, 선물을 진심으로 받아들이는 사람은 다른 이에게도 그 선물을 전할 수 있습

→ 203
견진성사란
무엇인가요?

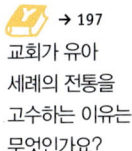

→ 197
교회가 유아
세례의 전통을
고수하는 이유는
무엇인가요?

니다. 그런데 그에 관한 모든 내용이 《성경》에 실려 있기에, 더 깊이 있는 신앙생활을 위해 교리를 공부하려는 여러분은 《성경》을 읽어야 하는 것이지요.

《성경》과 《YOUCAT》

《성경》은 '하느님의 말씀'이기 때문에 교리를 공부할 때 가장 중요한 책입니다. 이 책은 사람의 손으로 쓰였지만, 성경 저자들은 성령으로 가득 차 있었습니다. 예로니모 성인은 "《성경》을 모르는 이는 하느님의 권능도 그분의 지혜도 모른다."라고 말했습니다. 아시시의 프란치스코 성인도 "《성경》을 읽는다는 것은 그리스도에게 조언을 얻는다는 것을 의미합니다."라고 이야기했습니다.

가톨릭 청년 교리서인 《YOUCAT》은 간단명료한 신앙 지침서라 할 수 있습니다. 베네딕토 16세 교황님은 이 책의 추천사를 통해 다음과 같이 말했습니다.

> "IT 전문가가 컴퓨터의 운영 체계에 대해 속속들이 알고 있듯, 여러분도 자신의 신앙을 정확히 알아야 합니다. 훌륭한 음악가가 자기 작품을 잘 알고 있듯, 여러분도 자신의 신앙을 이해해야 합니다."

《YOUCAT》은 특별한 제작 과정을 거쳤습니다. 15~25세 사이의 신자들 50여 명이 책을 만드는 작업에 참여했지요. 그들은 궁금했던 질문들과 직접 찍은 사진들을 책에 실었습니다. 또한 그들의 제안으로 플립북Flip book과 같은 재미있는 아이디어도 책에 들어가게 되었습니다. 여러분도 《YOUCAT》을 보면 청년들의 눈높이에 맞춰 구성되었음을 알 수 있을 것입니다.

지켜야 할 네 가지 사항

이 책은 본격적으로 시작하기 전에, 이 책을 읽는 동안 지켜야 할 몇 가지 사항을 알려 드리겠습니다.

여러분이 무슨 일을 이루고자 한다면 그에 맞는 노력을 기울여야 합니다. 그리고 그 노력의 시간만큼 더 보람찬 결과를 얻게 될 것입니다. 여러분이 이 책을 읽으며 다음의 네 가지 사항을 잘 지킨다면, 이 책을 깊이 받아들이게 되고, 하느님과 함께하는 삶으로 나아가게 될 것입니다.

 이 책을 끝까지 읽기

이 책을 끝까지 충실히 읽읍시다. 만약 여러분이 마라톤 대회에 꼭 참가하고 싶다면, 끝까지 최선을 다해 연습에 참여할 것입니다. 만약 중간에 그만둔다면 이제까지의 노력이 물거품 되겠지요?

2 하느님과 친하게 지내기

주일 미사에 빠지지 맙시다. 비가 오거나 눈이 내리거나, 친구들과의 약속이 있거나, 너무 피곤해서 일어나기 힘들더라도, 주일 미사에는 빠짐없이 참례해야 합니다. 하느님과의 중요한 만남의 자리인 미사를 거절해서는 안 됩니다.

3 하느님과 대화하기

하느님과 더 많은 대화를 나눠 봅시다. 아침에는 아침 기도 후에 잠자리에서 일어나고, 밤에는 저녁 기도를 바친 후에 잠자리에 들도록 합시다. **'기도'는 하느님과의 대화입니다.** 하느님과 대화도 하지 않고서 그분과 관계를 맺을 수는 없습니다.

가장 중요한 기도는 '주님의 기도'와 '성모송'입니다. 또한 가장 아름다운 기도라 할 수 있는 '시편'도 성경에서 찾아 읽어 보세요. 기도 이외에도 시간을 내서 주님께 마음속 소원이나 고민도 자유롭게 말씀드려 보세요.

4 하느님의 말씀에 귀 기울이기

성경은 하느님이 여러분에게 보낸 긴 편지와도 같습니다. 그러니 **성경을 꾸준히 읽도록 노력해 봅시다.** 혹시 어디서부터 봐야 할지 모르겠다면, 신약 성경에 나오는 복음서부터 읽는 것이 좋습니다. 성경을 읽으며 하느님이 여러분에게 어떻게 말을 걸고 계신지 깨닫기 위해 노력해 보세요.

휴~ 지켜야 할 사항이 너무 많나요? 하지만 이번만은 하느님과 함께하는 삶을 위해 힘내 보는 건 어떨까요? 모쪼록 이 책과 함께하는 시간 동안 즐거움이 가득하기를 바랍니다.

베른하르트 모이저, 닐스 바에르

 → YOUCAT    → 성경

본문의 가장자리에는 본문의 내용과 관련된《YOUCAT》의 질문을 실었습니다. 본문의 내용에 대해 더 궁금한 점이 있다면 《YOUCAT》에 나온 관련 항목을 찾아보세요. 또한 본문의 가장자리에 실은 성경 구절도 여러분의 이해를 도와줄 것입니다.

2. 하느님은 있다. 아니, 하느님은 없다……
하느님에 관해 알 수 있는 것

2.1 하느님에 관해 알려고 하지 않는 이유

우리는 매주 미사를 참례할 때마다 하느님께 믿음을 고백합니다. 하지만 때때로 믿음이 흔들리는 힘든 시간을 보낼 때도 있었습니다. 그렇게 힘들 때 여러분은 하느님을 믿고 있다고 분명하게 말할 수 있었나요?

여러분은 사람들이 이렇게 말하는 것을 들은 적이 있을 것입니다.

→ 357
어떤 경우든 무신론은 첫째 계명을 거스르는 죄가 되나요?

**하느님은 결코 존재하지 않아.
그저 사람들이 지어낸 존재야.**

하느님이 존재하지 않는다고 말하는 사람들은 왜 하느님에 대해 공격적인 태도를 취하고, 하느님을 떠올리게 하는 모든 것들을 세상에서 몰아내려고 할까요? 어쩌면 그들에게 하느님의 존재 여부는 별로 중요한 문제가 아니지만, 하느님이 정말 계시다면 자신의 삶을 완전히 바꿔야 하기 때문에 하느님이 존재하지 않는다고 자신을 확신시키려는 것인지도 모르겠습니다. 또 그들은 하느님이 계시다는 것과 그분은 전적으로 선

→ 5
이성을 통해 하느님을 인식할 수 있는데도 사람들이 하느님을 부인하는 이유는 무엇인가요?

하시며 오로지 선만을 바라신다는 것을 인정하고 나면, 다른 이들을 속이거나 자신의 이익만을 위해 행동하거나 자신을 세상의 주인으로 여기는 일이 어려워진다고 생각하기 때문일 수도 있지요.

자신이 하느님과 같다고 생각하면서, 스스로 선과 악을 판단하려 하는 사람들도 많습니다. 하지만 자신이 세상의 중심에 있다고 생각하는 사람은 이기주의자입니다. 이들은 자신을 중심에 두고 다른 사람들을 대합니다. 더욱이 어떤 존재도 자신보다 더 위대하거나 아름답거나 슬기롭거나 거룩하거나 존경받을 만하지 않다고 여깁니다.

2.2 하느님을 찾을 수 없다면

이기주의자가 아닌데도 하느님을 믿지 못하는 사람들도 있습니다. 때때로 그들은 "난 어디에서도 하느님을 찾을 수 없어."라고 말합니다. 그런 사람들에게 제 생각을 들려주고 싶습니다. 제 이야기를 듣고 한번 곰곰이 생각해 본다면, 하느님에 관해 좀 더 이해하고 그분과 더 가까워질 것입니다.

이는 사람들이 하느님을 찾게 하려는 것입니다. 더듬거리다가 그분을 찾아낼 수도 있습니다. 사실 그분께서는 우리 각자에게서 멀리 떨어져 계시지 않습니다. …… 우리는 그분 안에서 살고 움직이며 존재합니다.
사도 17,27-28

1. 존재하는 모든 것에는 원인과 이유가 있습니다. 부모님이 우리를 낳으셨기 때문에 우리가 존재하고, 수백만 년 전 지각 변동으로 바위들이 해수면 위로 치솟았기에 해안에 바위 절벽이 생겼습니다. 이처럼 무엇이 존재한다면, 그것을 생기게 한 원인도 반드시 있는 법입니다.

 → 41
자연 과학은 창조주를 불필요한 존재로 만드나요?

2. 시간과 공간 속에 있는 모든 사물과 생물을 통틀어 이르는 말인 '우주'라는 것이 존재합니다.

3. 우주를 존재하게 한 원인도 당연히 있습니다. 꽃과 바다, 별에는 그것들을 존재하게 한 원인이 있는데, 정작 우주를 존재하게 한 원인은 없다고 한다면, 그것은 이치

→ 42
진화를 확신하면서도 창조주에 대한 신앙을 가질 수 있나요?

→ 43
이 세상은 우연의 산물인가요?

에 어긋난 말이 됩니다. 존재하는 모든 것을 아우르는 우주라는 개념은 원인이 없이는 존재할 수 없습니다.

4. 우주를 있게 한 원인은 우주에 있는 모든 것과는 전혀 다르며 그 모든 것보다 클 수밖에 없습니다. 시간과 공간을 있게 한 존재는 시간과 공간의 일부일 수 없기 때문입니다.

5. 우주에 있는 그 어떤 것보다 크고, 우주의 원인으로서 필연적으로 존재하는 바로 그 '무엇'을 우리는 **하느님**이라 부릅니다.

2.3 작은 모래알의 기적

여러분은 '무無'의 상태를 상상할 수 있나요? 어둠이나 비어 있는 큰 공간이 존재하는 것이 아니라 정말 아무것도 없는 상태 말이지요. '무'는 생각조차 없는 상태 즉, 말 그대로 아무것도 없는 상태를 뜻하는 것입니다.

우리 인간의 한계로는 '무'를 완벽하게 상상할 수 없을 것입니다. 이에 관해 철학자 라이프니츠는 세상에 이러한 질문만이 존재한다고 말했습니다.

'무'가 아닌 무엇인가가 존재하는 이유는 뭘까?

- 사실 우리는 분명한 상태의 '무'를 올바로 상상할 수 없습니다. '무'가 존재한다는 것이 우리의 통념이라 해도 말이지요.
- 그러나 무엇인가가 존재한다는 것을 우리는 100퍼센트 확신할 수 있습니다. 사실 다른 것 없이 오로지 작은 모래알 하나만 존재하더라도 그것은 놀라운 기적이라 할 수 있습니다. 작은 모래알 하나가 '무'를 없애 버렸으니까요.
- 존재하는 모든 것을 긍정하고 '무' 대신에 무엇이 있기를 바랐던 누군가가 확실히 있었을 것입니다.
- 우리 그리스도인들은 '무'에서 우주를 창조한, 그리고 무엇이 있기를 바랐던 '누군가'를 가리켜 하느님이라 부릅니다.

  → 2
  하느님이 우리를 창조하신 이유는 무엇인가요?

- 우리 그리스도인들은 하느님을 세상의 **창조주**라고 고백합니다.

그러나 창조주 하느님이 세상 만물을 창조하시고 나서 편히 쉬셨다고 생각해서는 안 됩니다. 하느님은 천지창조 때뿐만 아니라 지금까지 한순간도 빠짐없이 세상 만물을 돌봐 오

→ 44
이 세상을 창조하신 분은 누구신가요?

> 우리는 우연하고 의미 없는 진화의 산물이 아닙니다. 우리는 모두 하느님 계획의 결실입니다. 하느님은 우리 모두를 원하셨고, 우리 모두를 사랑하시며, 우리 모두를 필요로 하십니다.
> **베네딕토 16세 교황**

셨습니다. 하느님은 이 세상이 끝나는 날까지 줄곧 "네가 있기를 바란다."라고 하시며 세상 만물을 돌보실 것입니다.

 여러분이 이 책을 읽고 있는 지금 이 순간에도 마찬가지입니다. 만약 하느님이 세상 만물을 긍정하지 않으신다면 그 즉시 은하수와 태양계를 비롯한 우주 전체는 '무'로 되돌아가고 말 것입니다. 마치 영화관에서 영화가 끝나고 난 뒤, 스크린이 갑자기 텅 비어 버리는 순간처럼 말이지요.

2.4 조금만 생각해 봐도 내릴 수 있는 결론

이처럼 우리는 조금만 생각해 봐도 하느님이 계시다는 사실을 쉽게 알 수 있습니다. 세상에 존재하는 모든 것에는 원인이 있다고 하면서, 정작 세상 자체가 존재하게 한 원인을 인정하지 않는다면 이치에 맞지 않을 것입니다.

📖 → 4
우리는 이성을 통해 하느님의 존재를 인식할 수 있나요?

그렇다면 우리가 하느님에 관해 알 수 있는 방법은 무엇일까요?

우리는 **세상 만물의 근원**이신 이 신비한 분에 관해 항상 더 많이 알고 싶어 합니다. 하느님은 과연 어떤 분이실까요? 그분은 당신의 피조물을 어떻게 생각하실까요? 하느님은 어떤 마음을 갖고 계실까요? 하느님은 냉혹한 분이실까요, 아니면 사랑으로 가득 찬 분이실까요?

이러한 질문들에 관해 인간이 답을 내릴 수는 없습니다. 아리스토텔레스나 플라톤, 칸트, 헤겔과 같은 위대한 철학자나 사상가도 그에 대한 답을 주지는 못했습니다. 따라서 마치 하느님의 본성을 모두 다 안다는 듯 이야기하는 사람은 몽상가나 사기꾼이라 할 수 있습니다.

하지만 세상의 근원이신 하느님이 선한 분이신지 악한 분이신지 우리 인간이 알 수 있는

📖 → 7
하느님이 당신을 계시하셔야만 했던 이유는 무엇인가요? 하느님이 어떤 분이신지 우리에게 알려 주기 위해서였나요?

가능성이 전혀 없는 것은 아닙니다.

다행히도 하느님이 우리에게 당신 자신을 알려 주시기 때문에 우리는 하느님에 관해 알 수 있습니다. 우리는 그것을 **계시**라고 부릅니다. 그렇다면 하느님은 어떤 방식으로 우리에게 당신에 관해 알려 주실 수 있을까요? 한번 상상해 볼까요?

99
하느님께서는 당신 선성과 지혜로 당신 자신을 계시하시고 당신 뜻의 신비를 (에페 1,9 참조) 기꺼이 알려 주시려 하셨으며, 이로써 사람들이 사람이 되신 말씀, 곧 그리스도를 통하여 성령 안에서 성부께 다가가고 하느님의 본성에 참여하도록 하셨다(에페 2,18; 2베드 1,4 참조).
제2차 바티칸 공의회 문헌, 〈계시 헌장〉, 제1장 2항

🔥 하느님은 지평선 위에 커다란 불꽃으로 "나는 존재할 뿐만 아니라 자상하기도 한 하느님이다."라고 쓰실 수 있습니다.

🔥 하느님은 천둥처럼 큰 목소리로 당신 자신에 관한 이야기를 세상에 울려 퍼지게 하실 수도 있습니다. "나는 오늘 나에 관해 이야기하기로 결심했다. …… 이어지는 이야기는 다음 수요일에 계속하겠다. 너희의 하느님으로부터."

하지만 하느님은 이렇게 하지 않으셨습니다.

여러분에게 마음에 드는 누군가가 생겼다고 가정해 보세요. 하지만 둘 중 한 사람이 "네가 좋아!"라고 고백하여 서로의 마음을 확인하기 전까지 여러분은 상대방이 자신의 연인이 될지 알 수 없을 것입니다. 상대방을 살피고 관찰하

더라도, 또 사람의 마음이나 사랑의 본질에 관해 다룬 책들을 읽더라도 알 수 없겠지요. 마침내 상대방이 자기 마음을 털어놓았을 때, 즉 상대방이 마음을 열고 "오래전부터 널 좋아했어."라고 놀라운 고백을 할 때에야 비로소 여러분은 누가 자신의 연인이 될지 알게 될 것입니다.

사실 하느님은 여러 가지 방식으로 당신의 모습을 우리에게 알려 주고 계십니다. 자연 현상이나 역사 등을 통해 매우 놀라운 방식으로 말이지요. 한편으로는, 겉으로는 거의 알아챌 수 없지만 인간의 마음을 움직이는 방식으로도 계시하고 계십니다. 하느님은 마치 우리가 세상의 유일한 사람인 양 우리와 이야기하기를 진심으로 원하십니다. 그것은 기적이자, 가장 중요한 사실이라고 할 수 있습니다. 이를 이해하고 하느님의 목소리에 귀를 기울이는 것을 **신앙**이라고 부릅니다.

하느님이 우리에게 당신의 모습을 드러내시면, 우리는 그분의 목소리에 귀를 기울이며 이렇게 응답할 것입니다.

"저의 주님, 저의 하느님, 여기에 계셨네요. 저를 지켜보시고 제 안에서 말씀하시니 감사드립니다. 저는 당신을 믿습니다. 저를 인도하시고 이끌어 주세요. 저와 모든 이들의 삶에

하느님께서 예전에는 예언자들을 통하여 여러 번에 걸쳐 여러 가지 방식으로 조상들에게 말씀하셨지만, 이 마지막 때에는 아드님을 통하여 우리에게 말씀하셨습니다. 하느님께서는 아드님을 만물의 상속자로 삼으셨을 뿐만 아니라, 그분을 통하여 온 세상을 만들기까지 하셨습니다.
히브 1,1-2

→ 21
신앙이란 무엇인가요?

 → 20
하느님이 우리에게 말을 거실 때 우리는 어떻게 그분에게 응답할 수 있나요?

강복해 주세요."

이처럼 자신의 모습을 드러내시는 하느님을 알고, 그분을 믿으며, 그분과 대화하며 마음으로 그분과 하나가 되는 것을 가리켜 **기도**라고 부릅니다.

2.5 하느님의 계시를 담은 성경

하느님은 우리가 당신을 더 잘 이해할 수 있도록 당신의 모습을 계시하십니다. 전능하시고 영원하시며 우리 인간의 머리로는 이해할 수 없는 하느님이, 침묵을 깨고 당신의 모습을 드러내셨으며, 오늘날에도 당신을 드러내고 계십니다.

그분은 모습을 드러내시며 자신의 마음속 깊은 생각들까지도 밝히십니다. 우리가 진심을 담아 그분께 말씀드리면 그분은 우리에게 당신의 마음을 보여 주십니다. 그런 일은 우리에게뿐만 아니라, 기도 안에서 하느님의 목소리에 귀를 기울이며 자기 인생에서 하느님의 발자취를 찾는 모든 이들에게도 일어납니다.

 → 8
구약 성경에서 하느님은 당신을 어떤 모습으로 드러내셨나요?

우리는 **성경**을 통해 이스라엘 민족의 역사에서 계시된 하느님의 모습이 어떠한지 알 수 있습니다. 또한 예수님을 통해 조금씩 밝혀지는 하느님의 모습을 확인할 수 있습니다. 즉 예수님을 통해 크나큰 사랑을 갖고 계신 하느님의 가장 깊은 내면을 볼 수 있는 것이지요.

인간은 오랫동안 하느님에 대해 막연하게 상상해 왔습니다. 심지어 옛날에는 사람을 제물로 바쳐야 하느님이 자신들을 벌하지 않으시리라고 생각한 이들도 있었습니다. 하지만 이스라엘 민족의 삶을 통해 하느님은 머리가 여러 개 달린 괴물도 아니고 영원한 두려움의 대상도 아니라는 점이 분명해졌습니다.

하느님은 한 분이시며 그분은 당신을 신뢰하는 이들을 선으로 대하시고 그들에게 신의를 지키신다는 사실이 수많은 사람들의 삶에서 드러났습니다. 아브라함은 하늘에 뜬 별들에서, 모세는 불타는 떨기나무에서 하느님을 체험했습니다. 하느님과 함께한 그들의 모든 체험은 기록되었고, 매우 다양하고 풍부한 내용을 지닌 한 권의 책이 되었습니다. 이것이 바로 성경입니다.

베네딕토 16세 교황님은 성경을 빛이 잘 드는 예쁜 정원에 비유했습니다. 우리가 정원에서 아름다운 꽃들을 보듯이 성경에서 하느님에 관한 심오한 깨달음들을 얻을 수 있다는 것이지요. 그리고 이렇게 덧붙였습니다.

"우리가 성경을 읽으며 하느님과 하나가 된다면, 마치 성령의 정원을 걸으며 성령과 대화를 나누는 것과 같습니다."

→ 9
당신의 아드님을 우리에게 보냄으로써 하느님은 당신의 어떤 모습을 드러내시나요?

→ 16
어떻게 하면 성경을 올바로 이해할 수 있나요?

→ 창세 15장; 탈출 3장

> 하느님의 말씀은 우리가 어디로 가야 할지 알려 주는 빛이자, 우리의 믿음을 기르고 우리를 새롭게 하는 힘입니다.
>
> **프란치스코 교황**

가엾은 세상, 네가 병들었구나······

3 이 세상이 완전하지 못한 이유

우리 모두는 이 세상이 낙원이 되기를 간절히 바랍니다. 그러나 정치가나 철학자, 교육자 등 다양한 방면의 수많은 사람들이 아무리 노력한다고 해도, 모든 사람이 선행만 행하고, 굶주림과 질병, 고통과 죽음까지 없는 세상은 이룰 수 없습니다.

→ 66
인간의 고통과 죽음은 본래 하느님의 계획에 포함되어 있었나요?

이 세상의 낙원

18세기 프랑스의 사상가인 장 자크 루소는 인간은 천성적으로 선한 존재인데 사회 제도가 그 본성을 망쳐 놨다고 여겼습니다. 그래서 아메리카의 미개척 지역이나 남태평양에서 사는 사람들은 죄에 대해 들은 것이 전혀 없기 때문에, 그곳에는 낙원에서와 같은 삶을 살고 있는 '고결한 미개인들'이 있다고 생각했습니다.

루소는 이렇게 생각했습니다.
- 그들은 자연과 조화를 이루며 산다.
- 그들은 온유하고 순수하다.
- 그들은 매우 건강하다.
- 그들은 자신을 사랑한다.
- 그들은 거짓말할 줄 모른다.
- 그들은 죄와 범죄가 무엇인지 모른다.

- 그들은 돈을 사용하지 않는다.
- 그들에게는 지배자나 재판관이 필요하지 않다.
- 그들은 벌거벗은 채로 생활하며 성性에 대한 생각도 자유롭다.

> 행복은 우리 안에도, 우리 밖에도 없습니다. 행복은 오로지 하느님 안에만 있습니다. 그리고 우리가 하느님을 발견하면, 행복은 도처에 있게 됩니다.
>
> **블레즈 파스칼**

루소보다 한 세기 뒤의 사람인 화가 폴 고갱도 남태평양에 대한 꿈을 꿨습니다. 고갱은 1890년, 아내 메테에게 보낸 편지에 "드디어 자유야! 이제부터는 돈 걱정 없이 사랑하고 노래하며 살다가 죽을 거야."라고 썼습니다. 실제로 그는 남태평양의 타히티 섬으로 떠났고, 파리에 사는 친구들에게 섬에 있는 정글에서 사는 순수하고 '고결한 미개인들'에 관해 열광적으로 이야기하는 편지를 썼습니다. 그곳 사람들은 세상의 문제들에 시달리지 않고, 걱정 없이 마음껏 노래하고 춤추며, 자유로운 사랑을 즐기며 산다는 내용이 담겨 있었습니다.

> 오로지 인간을 창조하신 분만이 인간을 행복하게 하실 수 있습니다.
>
> **아우구스티노 성인**

그러나 고갱은 곧 크게 실망하게 되었습니다. 그곳에서 지내면서 알게 된 실상은 그의 이상과는 전혀 달랐기 때문입니다. 그곳에 사는 이들도 각자 나름의 고민과 고통을 안고 있었고, 오히려 도시의 사람들보다 수많은 질병에 시달리며 힘든 삶을 살고 있었습니다. 또한 그들이 성에 대해 개방적일 것이라는 고갱의 생각과는 달리 그들의 윤리는 엄격했습니다. 고갱은 누드화를 그리고 싶었지만 그들은 그의 모델이 되는 것을 거부했습니다.

결론을 이야기하자면, 장 자크 루소도, 폴 고갱도, 그 밖의 어느 누구도 '선하고 악에 기울지 않은 사람'을 만나지 못했습니다.

사실은 루소조차도 그런 사람이 아니었습니다. 그는 자기 자신이 인류의 훌륭한 스승이라고 생각했지만, 자신의 아이를 직접 키운 적이 한 번도 없었습니다. 그에게는 다섯 명의 자녀가 있었지만, 그는 아이가 태어나자마자 모두 고아원에 맡겼습니다.

3.2 마음과는 달리 선을 행하지 못하고 악을 일삼는 우리

우리가 루소나 고갱에 대해 험담하기는 쉽습니다. 그러나 자신을 돌아보고 자신의 삶에서 돌이킬 수 없는 실수나 잘못을 찾는 것은 무척 어렵습니다.

우리는 모두 저마다 실수하거나 잘못을 저지릅니다. 어떤 이들은 그것을 일찍 깨닫지만, 어떤 이들은 늦게 깨닫습니다. 그런데 우리는 자신의 실수와 잘못을 알게 되면 자책합니다.

> 천상 낙원은 우리의 발이 아니라 오로지 우리의 마음을 통해서 들어갈 수 있습니다.
>
> **베르나르도 성인**

"잘해 보고 싶었는데 내가 망치고 말았어. 정말 바보 같아!"라고 하면서요.

하지만 바오로 사도도 우리와 똑같은 경험을 했다는 것을 기억하세요. 성경을 읽어 보면, 그분도 터무니없는 행동을 했음을 알 수 있습니다.

→ 로마 7,15-25

3.3 원죄에서 벗어날 수 없는 우리

우리가 그러한 경험을 하게 되는 것은 아담과 하와가 지은 '원죄', 좀 더 정확히 말하자면 '인류 최초의 죄' 때문이라고 볼 수 있습니다.

우리 모두는 선을 바랍니다. 그러나 한편으로는 마치 누군가가 선을 행하지 말라고 부추기는 듯한 압박감을 느낍니다. 이는 어떠한 교육이나 설득으로도 해결할 수 없습니다.

→ 창세 2,7-17; 3,1-24

이 세상은 완전하지 않습니다.
우리는 더 이상 낙원에서 살고 있지 않고요.

우리는 성경을 통해 잃어버린 낙원에 대해 알 수 있습니다. 즉 아담과 하와의 잘못과, 그로 인해 인간이 낙원에서 쫓겨났다는 것을 알 수 있지요. 또한 하느님이 우리를 다시 데려가기를 원하시는 낙원, 곧 하늘나라에 관해 알 수 있습니다.

 → 68 **아담과 하와가 지은 원죄는 우리와 어떤 관계가 있나요?**

죄는 엄밀한 의미로 개인이 책임져야 하는 잘못을 뜻합니다. 따라서 '원죄'라는 말은 개인이 범한 죄가 아니라, 개인이 자유 의지에 따라 스스로 죄를 범하기에 앞서 누구나 타고나는 인류의 비구원적 상태를 의미합니다.

베네딕토 16세 교황님은 원죄를 다음과 같이 이해해야 한다고 말했습니다.

"우리는 창세기의 상징들에서 볼 수 있는 독약 같은 사고방식을 우리 안에 지니고 있습니다. …… 인간은 하느님을 신뢰하지 않았습니다. 뱀의 꼬임에 넘어간 인간은, 하느님이 우리의 자유를 제한하는 경쟁자이며 하느님을 무시해야 비로소 참된 의미의 인간이 될 것이라는 의혹을 품었습니다. …… 인간은 하느님에게서 자기 현존과 자기 삶의 충만함을 얻으려 하지 않았습니다. …… 그리고 그렇게 함으로써 인간은 진리 대신 거짓을 신뢰했고, 그래서 자기 삶과 더불어 공허함과 죽음으로 떨어졌습니다."

3.4 원죄에 관한 또 다른 이야기

오스트리아 빈의 대교구장인 크리스토프 쇤보른 추기경님은 어떤 기술자가 원죄에 관해 설명한 것을 말씀하신 적이 있습니다.

"제가 들은 원죄에 관한 이 설명은 단순했지만 제게 큰 감동을 주었습니다. 이제껏 들은 것 중에 가장 멋진 설명이었지요. 그는 기술자인 자신의 경험에 비추어 볼 때 모든 기계에는 사용 설명서가 있다고 말했습니다. 따라서 우리가 사용 설명서를 따르지 않았다면, 기계가 작동하지 않는다고 해서 설계자를 비난해서는 안 됩니다.

 → 69
원죄로 말미암아 우리는 어쩔 수 없이 죄를 짓게 되나요?

기술자는 사용 설명서를 비유로 들어 원죄, 곧 인류 조상의 첫 번째 죄는 그를 따르지 않은 데 있었다고 말했습니다. 하느님은 우리에게 인간의 본성을 심어 놓으셨고, 그 본성에는 사용 설명서와 같은 것이 적혀 있다는 것입니다. 하느님이 우리에게 사용 설명서도 함께 주셨다는 것이지요. 따라서 우리가 설명서대로 따르지 않고선 자기 뜻대로 되지 않는다고 하느님을 비난해서는 안 됩니다. 인류의 첫 번째 죄는 자신이 피조물임을 거부하고 하느님과 동등한 존재가 되려고 한 것이며, 어리석게도 스스로 하느님처럼 될 것이라고 생각한 것이지요."

우리의 잘못된 식습관이나 운동 부족에 관해 이야기할 때 '나약한 의지와 게으름'이 함께 거론될 때가 많습니다. 나약한 의지와 게으름에 굴복할 때 우리는 자잘한 죄들을 저지르게 됩니다. 이러한 성향이 죄를 불러오는 모습은 미사 시간이 다가오는데도 소파에 누워 TV를 보는 것과 같은 상황들에서 확인할 수 있습니다. 잘못이라는 걸 알면서도 하게 되는 행동들이지요.

이는 우리 마음의 불균형이 눈에 보이는 형태로 나타나는 것입니다. 우리는 이를 통해 우리의 마음은 좋은 것과 나쁜 것, 선과 악이 균형을 이루고 있지 못하며, 우리의 본성은 나쁜 것으로 기울어져 있음을 알 수 있습니다. 이처럼 우리 안에는 늘 '나약한 의지와 게으름'이 내재하지요.

사실 우리뿐만 아니라 모든 사람은 예외 없이 자신을 죄로 기울어지게 하는 '나약한 의지와 게으름'에 시달립니다. 죄로

기우는 성향은 원죄로 인해 우리가 지니게 된 상처입니다.

→ 67
죄란 무엇인가요?

이렇게 원죄는 각자의 잘못을 뜻하는 것이 아니라, 죄를 짓게 만드는 충동과 이를 저지하려는 의지와 이성의 약화를 의미합니다. 모든 사람은 원죄를 지닌 채 태어납니다. 성경에 나온 아담과 하와의 이야기를 통해 원죄가 어디에서 왔는지 알 수 있습니다. 또한 이로써 오랫동안 인류의 질문이었던 '악이 이 세상에 어떻게 왔는지'에 관한 답을 찾을 수 있습니다.

본래 인간은 하느님께 모든 것을 받았습니다. 하느님은 인간을 창조하시고 낙원에서 살게 해 주셨습니다. 인간은 그런 하느님께 감사드리고 그분을 신뢰하는 마음으로 살아야 했지만, 그분을 믿지 않고 그분의 뜻을 거역했습니다. 인간은 더 이상 하느님께 의지하지 않았고, 스스로 하느님처럼 되고자 하는 유혹에 빠졌습니다. "너희는 하느님처럼 되어서 선과 악을 알게 될 것이다."(창세 3,5 참조)

그 유혹은 오늘날에도 계속됩니다. 지금도 세계 곳곳에서 낙태, 안락사, 전쟁, 살인 등이 일어나고 있고, 자신이 생명과 죽음을 주관하는 주인인 것처럼 행세하는 사람들이 있습니다. 또한 유전자 조작, 무성 생식 연구 등으로 창조주의 역할을 수행하려는 이들도 있습니다.

모든 악습은 탐욕에서 비롯됩니다. 인간은 낙원에서 아무런 걱정 없이 평온하게 살았지만, 뱀은 그 상태를 부족하다고 느끼도록 인간을 유혹했습니다. 뱀은 심지어 인간에게 모든 것을 주셨던 하느님을 비난했습니다. 하느님이 무엇인가를 감추고 계시며, 인간에게 모든 것을 허용하지 않으시고 제한을 두셨다면서 말이지요.

→ 창세 3장

그리하여 아담과 하와 이후에 우리는 태어날 때부터 원죄의 얼룩을 지니게 되었지만, **세례**를 통해 씻게 됩니다.

> → 194 세례성사란 무엇인가요?
>
> 세례는 죽음의 세계에서 생명으로 넘어가는 길이자 교회로 들어가는 관문이며, 하느님과 함께하는 영원한 공동체의 시작입니다.
>
> 세례는 기본적인 성사로, 다른 모든 성사를 받기 위한 조건이 됩니다. 세례를 통해 우리는 예수 그리스도와 하나가 되고, 십자가에서 돌아가신 그분의 죽음에 동참합니다. 또한 우리는 성사를 통해 원죄와 개인적인 모든 죄의 속박에서 해방되고, 그분과 함께 영원한 생명을 누릴 수 있도록 새로 태어납니다.

그러나 우리 안에는 그릇된 욕구들이 여전히 남아 있습니다. 우리는 하느님의 사랑으로

그 욕구들을 선을 위해 이용할 수도 있지만, 그 욕구들로 인해 유혹에 굴복하고 죄를 지을 수 있는 성향도 갖고 있습니다. 그로 인해 우리의 마음은 균형을 잃게 됩니다.

그러나 그 성향을 "그건 내 본성이기 때문에 어쩔 수 없어."라고 말하는 것은 옳지 않습니다. 자신의 행동에 대한 책임은 언제까지나 자기 자신에게 있기 때문입니다.

→ 162
하느님은 사랑이신데 어떻게 지옥이 존재할 수 있나요?

원죄뿐만 아니라 의도적으로 저지른 죄 또한 우리를 하느님과 멀어지게 합니다. 죄를 범함으로써 인간은 하느님과의 관계를 깨뜨리고 하느님에게서 떨어져 나가게 됩니다. 인간의 죄로 말미암아 생겨난 인간과 하느님 사이의 커다란 구렁은 인간의 능력으로는 메울 수 없습니다.

3.5 낙원으로 가는 길

그렇다면 우리는 어떻게 낙원으로 갈 수 있을까요?

루소나 고갱처럼 이 세상에서 낙원을 꿈꾸며 찾아본다고 해도, 그렇게 해서는 결코 낙원에 이를 수 없습니다.

우리는 오로지 예수님을 통해 낙원에 이를 수 있습니다. 예수님은 하느님과의 관계를 회복하심으로써 닫혔던 낙원의 문을 다시 여신 것입니다.

예수님이 원죄에 물들지 않은 삶을 사신 것에서부터 우리와 하느님과의 관계 회복이 시작되었습니다.

> 우리는 낙원을 잃어버렸지만, 하늘나라를 얻었습니다. 따라서 얻은 것이 잃은 것보다 큽니다.
> **요한 크리소스토모 성인**

4. 신성과 인성을 지니신 예수님
우리를 위해 오신 예수님

러시아의 표트르 대제는 러시아가 근대화를 이루는 데 큰 역할을 한 인물로 잘 알려져 있습니다. 그는 청년 시절에 여러 가지 학문과 기술을 배우려고 노력했습니다. 후일 자신이 황제가 되었을 때 낙후된 조국을 부흥시키기 위해서였지요.

당시 네덜란드인들은 세계에서 가장 훌륭한 배를 만들었는데, 표트르 대제는 러시아인들도 그들처럼 훌륭한 배를 만들게 하고 싶었습니다. 그래서 자신의 이름과 신분을 숨긴 채 네덜란드의 한 조선소에서 선박을 설계해 만드는 기술을 배웠습니다. 나중에 그가 황제가 되었을 때 러시아인들은 그의 가르침 덕분에 빠른 시간 안에 우수한 선박을 만들 수 있는 기술력을 갖출 수 있었습니다.

비현실적인 시나리오

하느님이 인간이 되셨다는 이야기는 황제가 몇 년 동안 조선공으로 일했다는 이야기보다 훨씬 더 믿기 어려울 것입니다. 이 이야기는 어쩌면 현실과 동떨어진 소설처럼 들릴 수도 있습니다.

→ 72
'예수'라는 이름은 어떤 뜻을 지녔나요?

할리우드에서는 그 이야기를 아래와 같은 공상 과학 영화의 시나리오로 만들 수 있을 것입니다.

"하늘에 살던 '하느님'이 인간의 모습으로 이 세상에 내려오겠다는 놀라운 생각을 했습니다. 그런데 이 세상에 내려오긴 했지만 하느님은 이 세상이 어떤 곳인지 잘 몰랐기 때문에 남들과 다른 행동을 일삼았습니다. 그래서 때때로 난처한 상황에 빠지기도 했지만, 다행스럽게도 여러 기적을 일으켜 그런 상황에서 벗어날 수 있었습니다. 그런데 하느님이 아주 예쁜 아가씨를 만나 깊은 사랑에 빠지는 바람에 하늘나라로 돌아갈 생각을 하지 않게 되자 문제가 생겼습니다. 그리고……."

만약 이런 영화를 본다면, 우리는 팝콘을 먹고 콜라를 마시며 그 순간에는 재미있게 보겠지만, 3일 후에는 영화 내용도 잘 기억하지 못할 것입니다.

4.2 어떤 영화보다도 멋진 하느님의 생각

스스로의 죄로 인해 하느님과 멀어진 인간을 위해 하느님은 무슨 일을 하셨나요?

먼저 그분이 하지 않으신 일을 살펴볼까요?

내 생명을 걸고 말한다. 주 하느님의 말이다. 나는 악인의 **죽음을** 기뻐하지 않는다. 오히려 악인이 자기 길을 버리고 돌아서서 사는 것을 기뻐한다.
에제 33,11

 하느님은 우리 인간이 우주를 떠돌도록 버려두지 않으셨습니다.

🔥 하느님은 인간에 대한 사랑과 신의를 거두지 않으셨습니다.

🔥 하느님은 미움과 질투와 탐욕이 난무하고, 서로가 서로에게 고통을 주며, 다른 사람을 굶어 죽게 만들고, 서로에게서 기회

와 정당한 보수를 빼앗으며, 후손이 선조보다 못한 이 세상을 벌하지 않으셨습니다.

그 대신에 하느님은 무슨 일을 하셨을까요?

- 🔥 하느님은 죽을 운명을 지닌 인간의 고통과 눈물을 보셨습니다.
- 🔥 하느님은 죄를 제외한 모든 것을 인간과 나누기로 결심하셨습니다.
- 🔥 하느님은 나자렛 예수님 안에서 인간의 본성을 취하셨습니다. 예수님은 동정이신 성모님의 아드님으로 베들레헴에서 태어나셨습니다.

→ 루카 2,1-7

→ 요한 3,16-17

인간의 죄로 말미암아 인간이 하느님과 멀어졌음에도 하느님은 여전히 우리와 하나가 되길 바라셨습니다. 우리의 죄로 생긴 하느님과 우리 사이의 커다란 구렁을 메우기 위해 하느님은 당신의 아드님을 우리에게 보내셨고, 그를 통해 우리를 죄에서 해방시키셨습니다.

4.3 아기로 태어나신 하느님?

 → 79
예수님도 우리처럼 영혼과 정신, 육체를 지니고 계셨나요?

여러분은 기저귀를 찬 채 칭얼거리는 갓난아기의 모습을 한 하느님을 상상할 수 있나요? 혹은 거리를 뛰어다니다가 넘어져 무릎에 피가 나고, 그것을 보고 놀라 엉엉 울면서 엄마에게 달려가는 아이의 모습을 한 하느님은요? 혹은 자신의 능력과 지식이 커 가는 것을 자랑스러워하고, 친구들과 기쁨과 걱정을 함께 나누며, 성적인 유혹을 느끼기도 하는 청소년의 모습을 한 하느님은요?

이러한 모든 경험에도 불구하고, 심오하고 유일무이한 방식으로 하늘에 계신 아버지와 연결되어 있음을, 그리고 그로 인해 이 세상에 속한 존재가 아님을 깊이 깨달아 가는 청년의 모습을 한 하느님은 상상할 수 있나요? 이처럼 여러 가지 모습의 하느님을 상상할 수 있나요?

그러한 상상을 하는 데 어려움을 느끼는 것은, 사실 여러분 뿐만이 아닙니다. 오래전부터 오늘날에 이르기까지 많은 이들이 어려움을 느꼈지요. 하지만 1세기경에 살았던 그리스도인들 가운데 일부는 예수님을 직접 목격했습니다.

🔥 그들은 실제로 예수님과 함께 울고 웃으며, 함께 먹고 마시고 노래 부르며, 즐거움을 나누었습니다.
🔥 동시에 그들은 예수님이 기적을 행하시고 죽은 이들을 다시 살리시는 것도 보았습니다. 그들은 그분의 말씀에 인간의 능력을 뛰어넘는 힘이 있다는 것을 느꼈고, 무엇보다 죽음도 그분 앞에서는 무력하다는 것을 체험했습니다. 예수님은 본시오 빌라도에 의해 십자가 위에서 돌아가셨고, 사람들은 그분의 돌아가심을 분명히 목격했습니다. 그러나 사흘 뒤, 그분이 살아 계신 것을 "한 번에 오백 명이 넘는 형제들"(1코린 15,6)이 보았습니다.

예수님이 사람으로 태어나 돌아가셨다가 부활하셨다는 이야기는 451년, 지금의 터키 지역인 칼케돈에서 열린 공의회에서 "참하느님이시며 참인간이신 분"이란 고백을 이끌어 낼 때까지 초대 교회에서 매우 많은 논란이 있었습니다.

→ 77
예수 그리스도는
참하느님이시며
동시에
참인간이시라는
말은
무슨 뜻인가요?

4.4 참하느님이시며 참인간이신 예수님

어떤 사람들은 예수님에게 라자로라는 친구가 있었다는 사실을 못마땅하게 여깁니다. 그분이 하느님이시라면 친구가 없었을 것이라고 말하면서요.

그러나 예수님에게는 분명 친구가 있었습니다. 성경에는 예수님과 라자로의 우정에 관해 자세히 나오지 않지만, 두 사람은 분명 같이 산책을 하거나 갈릴래아 호숫가에 나란히 앉아 정겨운 대화를 나누기도 하면서 함께 즐거운 시간을 보냈을 것입니다. 그런데 요한 복음서에서는 예수님이 친구를 보러 너무 늦게 왔다는 이야기를 전하고 있습니다.

→ 요한 11,1-44

여러분은 예수님의 신적인 모습과 인간적인 모습을 어디에서 보게 되나요?

예수님은 우리가 만질 수 있는, 살과 피를 지닌 사람이셨습니다. 그런데 라자로를 다시 살리신 이야기에서 예수님은 생명과 죽음을 관장하는 주님이시라는 사실이 드러납니다.

예수님은 죽었던 사람을 다시 살리셨는데, 그것은 하느님만이 하실 수 있는 일이었습니다. 라자로는 심장이나 숨이 멈췄을 때 심폐 소생술로 다시 살아날 수 있는 가사 상태에 있었던 것이 아닙니다. 그는 나흘 동안 죽은 상태로 있었습니다. 예수님은 아버지 하느님께 기도를 드리고 나서 그를 불렀습니다.

이 이야기에서 우리는 예수님의 인간적인 모습과 신적인 모습을 볼 수 있습니다. 특히 그분이 라자로의 죽음을 보고 우셨다는 것에서 예수님의 인성이 분명히 드러나지요. 그리고 라자로를 다시 살리셨다는 것에서는 그분의 신성이 분명히 드러납니다.

다시 말해 이 이야기는 예수님이 인간으로서 친구의 죽음에 충격을 받고 어떻게 행동하셨는지를 보여 줍니다. 다른 한편으로는 그분이 아버지 하느님과의 친밀한 관계를 통해 인류의

몰락을 상징하는 죽음으로부터 영원히 죽지 않는 참생명 곧 하느님에게로 넘어가는 다리를 어떻게 놓으셨는지를 보여 줍니다.

참하느님이시고 참인간이신 예수님이 인간과 하느님, 죽음과 생명 사이에 놓으신 다리는 예수님의 중재자 역할을 상징합니다. 예수님은 우리를 사랑하셨고, 그 사랑으로 우리에게 하느님을 보여 주셨습니다.

4.5 모든 고통을 알고 계신 하느님

누군가 여러분에게 이렇게 말한다고 생각해 보세요.

"하느님 이야기를 하려거든 저리 가! 하늘에서 아쉬울 것 없이 지내는 하느님은 내게 필요 없어. 난 하느님이 알지 못하는 일들을 겪었다고. 내가 힘든 일을 겪을 때 하느님은 없었어."

그는 또 이렇게 말할지도 모릅니다.

"난 심한 병을 앓았고, 죽을 뻔한 적도 있었고, 사람들에게 괴롭힘을 당하기도 했어. 친구들은 날 배신했고, 난 억울하게 비난받았어. 수많은 아픔과 상처를 얻었다고!"

그런 사람에게 여러분은 어떤 이야기를 해 줄 수 있을까요?

→ 히브 4,14-16

"당신의 이야기와 달리 내가 아는 하느님은 이렇습니다. 하느님은 극심한 고통을 받으셨고, 죽음에 대한 공포에 시달리셨어요. 그분은

사람들에게 조롱을 받으셨고 괴롭힘을 당하셨지요. 그분의 가장 친한 친구들조차 그분을 배신했고, 죄가 없는데도 유죄 판결을 받으셨고, 죽음에 이르기까지 고문을 당하셨어요. 당신이 말하는 하느님께 만족하지 못한다면 내가 이야기하는 하느님을 받아들여 보세요."

→ 60
왜 예수님을 이 세상의 가장 위대한 본보기라고 하나요?

고난으로 향하신 예수님
5 예수님이 죽음을 맞으신 이유

예수님에 대한 사람들의 생각은 엇갈렸습니다. 그분에게 신적인 권능이 있다고 생각한 사람들이 있었던 반면, 하느님을 모독하고 율법을 지키지 않는 허풍쟁이나 거짓 예언자에 지나지 않는다고 생각한 사람들도 있었습니다. 예수님을 미워한 사람들은, 죄를 용서해 주시거나 안식일 규정을 자의적으로 해석하시는 예수님의 행동을 보고 그분이 그저 하느님의 자리를 차지하려 한다고만 생각했지요. 그래서 그들은 예수님을 사형에 처해야 한다고 주장했습니다.

여기까지가 예수님이 죽음을 맞으신 외적인 이유라 할 수 있습니다. 하지만 다른 의문점들이 있습니다.

- 예수님은 당신의 죽음을 뻔히 아시면서도 왜 고난이 벌어질 예루살렘으로 향하셨을까요?
- 그분은 왜 재판을 피하지 않으셨을까요?
- 그분은 왜 제자들을 선동해 대항하지 않으셨을까요?
- 하느님은 왜 아무런 대응도 하지 않으셨을까요?

→ 94
예수님은 예루살렘에 입성하셨을 때 당신이 죽게 될 것을 이미 알고 계셨나요?

이 질문들에는 오직 하나의 대답만이 존재합니다.

예수님은 당신 스스로 죽음을 맞으러 가셨습니다. 이는 예수님이 원하신 일이며, 아버지 하느님도 원하신 일입니다.

→ 96
예수님처럼 온유한 사람을 십자가형에 처한 이유는 무엇인가요?

우리는 인간이 되신 예수님을 통해 하느님의 자비를 알게 되었습니다. 그런데 예수님은 몹시 잔인한 방식으로 처형되셨고, 그분은 뚜렷한 자각 속에 자발적으로 그 고통을 받아들이셨습니다.

→ 98
하느님은 당신 외아드님의 죽음을 의도하셨나요?

이미 몇 번이고 들은 말이겠지만, 예수님은 우리를 사랑하신 나머지 당신 뜻대로 죽음을 맞으러 가신 것입니다. 즉 당신의 고통을 통해 우리를 구원하시기 위해 그렇게 행하신 것이지요. 왜 그래야 하셨을까요?

5.1 예수님이 겪으신 고통

여러분은 멜 깁슨 감독의 영화 〈패션 오브 크라이스트〉를 본 적이 있나요? 예수님의 수난과 죽음을 사실적으로 표현한 이 영화를 본 어떤 이들은, 영화가 잔인한 장면들만 부각시키려 했다고 혹평합니다. 또 어떤 이들은 "예수님이 정말 저렇게 처참하게 돌아가셨다고?"라며 놀라워하기도 합니다.

사실 십자가형은 고대에서 가장 잔인한 사형 방법이었습니다. 그래서 십자가형은 로마의 시민에게는 내려질 수도 없었고, 대부분 도망쳤던 노예들에게 내려지는 형벌이었습니다.

예수님은 그처럼 잔인한 형벌을 선고받고 십자가에 못 박히셨습니다. 그런데 그분이 겪으신 고통은 그뿐만이 아니었습니다. 사람들은 예수님을 십자가에 매달기 전에 온갖 잔인한 방법으로 고문하며 그분에게 고통을 주었습니다. 수많은 예술 작품에 나온 그리스도 수난의 상징물들을 살펴보세요.

- 예수님은 잡히시기 전날에 **잔**을 들고 "너희를 위하여 흘리는 내 피"(루카 22,20)라고 말씀하셨습니다.
- 빌라도는 예수님을 처형하도록 내어 준 뒤 자신에게는 책임이 없다며 **물동이**에 손을 씻었습니다.
- 예수님은 기둥에 묶이신 채 쓰러질 정도로 **채찍**질을 당하셨습니다.
- 군사들은 예수님의 머리에 **가시관**을 씌워

→ 101
예수님은 왜 하필 십자가를 통해 우리를 구원하셨나요?

조롱했습니다.
- 또한 **망치**로 예수님의 손바닥에 **못**을 박았습니다.
- 그들은 **주사위**로 예수님의 옷을 나눠 가졌습니다.
- 군사들이 **예수님의 옷**을 강탈했기 때문에 그분은 벌거벗은 수치스러운 모습으로 돌아가셨습니다.
- 사람들은 "신 포도주를 듬뿍 적신 **해면**을 우슬초 가지에 꽂아"(요한 19,29) 목말라 하시던 예수님의 입에 갖다 대었습니다.
- 군사 하나가 예수님의 옆구리를 **창**으로 찔렀습니다.
- 돌아가신 예수님에게서 **집게**로 못을 빼냈습니다.
- 예수님을 십자가에서 내릴 때 **사다리**가 사용되었습니다.

독일 브레멘리드 시의 벤델린 성당에 있는 '그리스도의 수난 도구 십자가'

  예수님에게 이렇게 다양한 수난 도구들이 사용되었고, 예수님은 고통을 받으셨습니다. 그런데 예수님이 겪으신 고통이 단순히 여기에 그친다면 그분은 십자가형에 처해졌던 다른 사람들과 다를 바가 없었을 것입니다. 하지만 예수님의 고통과 그들의 고통 사이에는 한 가지 큰 차이가 있습니다.

**한 인간이 십자가에 못 박힌 것이 아니라,
사랑 자체이신 분, 곧 사람이 되신 하느님의 아드님이
십자가에 못 박혀 처형되셨다는 것입니다.**

예수님은 무엇 때문에 고통받으셨을까요? 그분은 미움과 악의, 온갖 죄와 범죄들, 세상을 어둡게 만든 무관심으로 인해 고통받으셨습니다. 예수님은 바로 우리 때문에 고통받으신 것입니다.

 → 102
우리가 삶의 고통을 받아들임으로써, 다시 말해 '우리의 십자가를 짐으로써' 예수님을 따라야 하는 이유는 무엇인가요?

5.2 죽음에 이르게 한 펀치

사람들은 몇몇 권투 선수들이 사람을 죽일 수 있을 정도로 강한 펀치를 가졌다고 이야기합니다. 그들에게는 단 한 번의 펀치로 상대방을 쓰러뜨릴 수 있는 무시무시한 힘이 있다는 것이지요. 물론 경기에 임하는 선수들은, 경기에서 상대방을 녹다운시키는 것 이상은 바라지 않을 것입니다. 하지만 간혹 선수들이 경기에서 상대방의 펀치에 맞고 사망하는 일이 일어나기도 합니다.

하느님이 당신의 한없는 사랑을 증명하시기 위해 사람이 되셨을 때, 악은 그분을 해치기 위해 권투 선수보다도 훨씬 강한 주먹을 날리기 시작했습니다. 예수 부활 대축일 미사에서 드

> 봄이 오면 눈은 녹습니다.
> 눈이 봄의 햇빛을 이길 수는 없기 때문입니다.
> 이와 마찬가지로 악이 사랑을 이길 수는 없습니다.
>
> **리차드 범브란트**
> (1909~2001년),
> **루마니아의 공산 치하에서 수감 생활을 한, 루터교 목사**

리는 부속가에는 그것을 가리켜 "죽음 생명 싸움에서 참혹하게 돌아가신"이라고 표현하기도 했지요.

🔥 광신 · 미움 · 거짓말 · 거짓 증언 · 조롱 · 권력 다툼 · 잔인함 · 고문 · 배신 · 나태 · 비겁함 · 침묵

마치 완전한 사랑이신 예수님을 죽이기 위해 세상의 온갖 악이 예루살렘에 모인 것과 같았습니다.

예수님은 그 상황에 어떻게 대처하셨나요?

하지만 이 싸움은 권투 시합과는 다른 모습이었습니다. 그분은 되받아치거나 방어하지 않으셨습니다. 그분은 빌라도 앞에서 침묵을 지키셨고, 묵묵히 십자가를 짊어지셨습니다. 또한 온갖 죄의 세력들이 당신에게 해코지하도록 놔두셨습니다. 그분은 세상에 새로운 가능성을 열어 주기 위해 죽음을 받아들이셨습니다.

**예수님은 우리를 위해
당신의 생명을 내놓으셨습니다.**

> 예수님의 십자가는 악의 모든 부정적인 굴레와 함께, 하느님 자비의 전능하심을 뜻합니다. 왜냐하면 십자가는 얼핏 보면 예수님의 실패를 상징하는 것으로 보이지만, 실제로는 그분이 승리하심을 상징하기 때문입니다.
>
> 프란치스코 교황

 ## 예수님 죽음의 의미

예수님이 돌아가신 의미에 관해서는 여러 가지 추론이 가능하지만, 그 추론은 무엇보다 성경에 근거를 둬야 합니다. 예수님이 당신 죽음의 의미를 직접 밝히셨기 때문이지요. 복음사가들이 그분의 말씀을 있는 그대로 옮기지는 못했다 하더라도 그들의 기록은 여러 가지 측면에서 믿을 만합니다. 따라서 우리는 성경을 꾸준히 읽고, 성령께 읽은 바를 이해하도록 도와주시기를 청해야 합니다. 그럴 때 우리는 성경 말씀을 더 깊이 이해하게 될 것입니다.

→ 요한 13,1-15

다른 사람을 위해 자신을 희생한 사람들

  다른 사람을 위한 죽음은 어떤 결과를 가져올까요? 보통은 다른 사람을 위해 죽기보다는 자신의 목숨을 지키려고 하지 않나요? 예수님에 관해 이야기하기에 앞서 다른 사람을 위해 자기 생명을 희생한 세 사람의 이야기를 들려 드리겠습니다.

다른 사람을 위해 자기 생명을 바친다니, 믿기 어렵다고요?
하지만 세상에는 그러한 일이 실제로 일어납니다.

  폴란드의 국가 대표 배구 선수였던 아가타 므로즈는 날씬하고 예쁜 외모를 가졌을 뿐만 아니라 폴란드를 두 번이나 유럽 챔피언으로 이끌 정도로 실력이 뛰어난 선수였습니다. 특히 그녀는 독실한 가톨릭 신자였지요.

  그러나 안타깝게도, 그녀는 2008년 6월, 불과 스물일곱 살의 젊은 나이에 암으로 세상을 떠났습니다. 그녀는 세상을 떠나기 두 달 전인 2008년 4월에 딸을 출산했는데, 아이가 태어날 때까지 태아의 건강을 염려해 항암 치료를 모두 거부했기 때문에 건강이 악화된 것입니다. 그로 인해 그녀는 생을 일찍 마감했지만, 아기의 생명을 구할 수 있었습니다.

  그녀는 임종을 앞두고 이러한 말을 남겼다고 합니다. "제가 내린 선택을 후회하지 않아요. 같

은 상황이 반복된다고 해도 저는 똑같은 선택을 할 거예요. 저는 행복하고 만족스러운 마음으로 세상을 떠납니다."

1943년, 나치 치하에서 죽음의 수용소로 잘 알려진 아우슈비츠에서 있었던 일입니다. 수감자들 가운데에는 꼰벤뚜알 프란치스코 수도회의 막시밀리아노 마리아 콜베 신부님도 있었습니다.  1910년 수도회에 입회한 신부님은, 1917년에 성모 신심 단체인 '성모의 기사회'를 설립했고, 잡지 발행과 공동체 설립 등 다양한 활동을 하며 폴란드 전역에 널리 알려진 인물이었습니다. 1939년, 독일이 폴란드를 침공했을 때 신부님은 동료 수도자와 함께 체포되어 수용소에 갇혔다가 곧 풀려났지만, 1941년, 유대인을 도왔다는 이유로 다시 체포되어 아우슈비츠에 수감되었습니다.

어느 날 수감자 한 명이 그곳을 탈출하는 일이 벌어졌는데, 그 벌로 수감자 중에 열 명이 지목되어 처형당하게 되었습니다. 그때 처형자로 지목된 한 남자가 자신에게는 부인과 아이들이 있다고 울부짖기 시작했습니다. 이 광경을 본 신부님은 즉시 그를 대신하여 죽음을 자원했습니다.

결국 신부님은 다른 수감자들과 함께 굶어 죽는 형벌을 받고 지하 감옥에 갇혔습니다. 하지만 그 당시에 감옥의 주변을 지나간 사람들은 신부님이 감옥 안에서 며칠 동안 기도하고 성가를 부르는 소리를 들었습니다. 신부님은 마침내 그곳에서 선종했지만, 나중에 그 감옥은 많은 순례자들이 찾는 장소가 되었습니다. 그리하여 1982년, 요한 바오로 2세 성인 교황님은 막시밀리아노 마리아 콜베 신부님을 '자비의 선교자'라는 칭호와 함께 시성했습니다.

오스트리아 출신인 팔로티 수도회의 프란츠 라이니쉬 신부님은 히틀러가 범죄자라는 것을 일찌감치 알아차렸습니다. "그리스도교 신자로서 저는 히틀러와 같은 사람에게 결코 충성을 맹세할 수 없습니다. 권위를 남용하는 것에 항거하는 사람도 필요한데, 저는 제가 항거하라는 부르심을 받았다고 생각합니다."

신부님의 주변 사람들은 신부님이 히틀러에 대한 충성 서약을 하도록 설득해 보기도 하고, 명령도 해 봤지만 아무 소용이 없었습니다. 결국 1942년 4월에 군대에 징집된 신부님은, 군부대의 정문 앞에서 히틀러에 대한 충성 서약을 거부한다고 공표했습니다. 그분은 그 즉시 체포되어, 결국 같은 해 8월에 처형되었습니다.

아가타 므로즈는 딸을 살리기 위해 대신 죽었습니다.
막시밀리아노 마리아 콜베 신부님은
다른 사람을 살리기 위해 대신 죽었습니다.
프란츠 라이니쉬 신부님은 히틀러에게 항거할 용기가
없었던 다른 이들을 위해 대신 죽었습니다.

대행의 신비

만약 우리를 필요로 하는 곳에 우리가 직접 갈 수 없다면, 우리를 대신해 줄 누군가가 필요합니다.

- 하지만 아가타 므로즈 말고는 어느 누구도 그녀의 딸을 구할 수 없었을 것입니다.
- 막시밀리아노 마리아 콜베 신부님 말고는 한 남자를 지하 감옥에서 구할 수 없었을 것입니다.
- 프란츠 라이니쉬 신부님 말고는 히틀러에게 죽음도 두려워하지 않는 항거의 의지를 보여 줄 수 없었을 것입니다.

→ 87
예수님은 죄가 없으신데도 왜 요한에게 세례를 받으셨나요?

그렇다면 **예수님**이 돌아가신 이유는 무엇일까요? 그분이 우리를 위해 하셨던 일을 어느 누구도 대신할 수 없었기 때문이 아닐까요?

→ 70
하느님은 악의 소용돌이에서 우리를 어떻게 구해 내셨나요?

→ 필리 2,6-8

🔥 우리는 하느님에게서 빛의 속도로 떨어져 나간 세상의 일부라 할 수 있습니다.

🔥 우리는 수렁에 빠진 자신을 스스로 구할 수 없습니다. 하느님이 우리를 구해 주셔야만 합니다. 그러려면 우리를 하느님께 이끌어 줄 누군가가 필요합니다.

🔥 하느님은 예수님을 통해 우리 곁에 오셨습니다. 예수님은 원죄로 물든 세상에서, 하느님과 멀리 떨어져 있는 우리의 고통에서, 우리 죄의 어둠에서, 우리의 슬픔과 고통에서, 비명과 절망과 죽을 운명에서 우리를 구원하기 위해 우리에게 찾아오십니다.

🔥 우리가 여전히 하느님에게서 멀리 있는 것처럼 여겨질 때에도, 자신의 마음속 가장

깊은 곳을 들여다본다면 예수 그리스도를 발견할 수 있을 것입니다.

🔥 **사랑** 그 자체이신 예수님이 죽음의 골짜기에서 우리를 기다리고 계십니다.

🔥 아가타 프로즈와 막시밀리아노 마리아 콜베 신부님, 프란츠 라이니쉬 신부님이 죽음의 골짜기에 이르렀을 때 예수님은 그들을 맞이하여 기쁨과 생명의 축제로, 하느님과 함께하는 영원한 공동체로 데려가셨을 것입니다.

→ 76
하느님이 예수님을 통해 인간이 되신 이유는 무엇인가요?

6
멋지게 우리 곁으로 돌아오신 예수님
부활에 관한 이야기

사람들이 예전의 위대한 권투 선수들에 관해 이야기할 때 자주 하는 말이 있습니다. "그는 이제 예전 같지가 않아." 출전하는 경기마다 이겼던 위대한 챔피언이라도 언젠가는 도전자에게 두들겨 맞고 링 밖으로 쫓겨납니다. 그러나 옛 챔피언은 패배를 인정하지 못하고, 재기를 시도하며 자신이 건재하다는 것을 증명하려 합니다. 하지만 그러한 노력은 대부분 처참한 결과로 끝납니다. 영웅의 전설은 깨지고 만 것입니다.

깨지고 만 전설

2천 년 전 이스라엘에서 어떤 일이 있었나요? 예수님은 당대에 혜성처럼 떠오른 스타였고, 그분의 친구들과 제자들, 호기심에 가득 찬 사람들, 이야깃거리를 찾아다니는 사람들, 정치적인 몽상가들이 혜성의 꼬리처럼 그분의 뒤를 따라다녔습니다. 실제로 그분에게는 남다른 면이 있었습니다.

- 예수님은 천부적인 연설가였습니다. 그분의 말씀은 대중의 마음을 쉽게 사로잡았습니다.
- 예수님은 기적을 베푸실 수 있었습니다. 성경에는 앞을 못 보던 사람이 별안간 보게 되고, 걷지 못하는 사람이 다시 걸을 수 있게 되었으며, 듣지 못하던 사람이 들을 수 있게 되고, 나병 환자들의 상처와 흉터가

→ 90

예수님은 실제로 기적을 행하셨나요? 아니면 그저 신앙심을 강조하기 위해 꾸며 낸 이야기에 불과한가요?

→ 요한 11,38-44

사라졌다는 이야기가 나옵니다. 모두 예수님의 기적이지요. 심지어 예수님은 죽은 사람도 다시 살리셨습니다. 마르타가 예수님께 "주님, 죽은 지 나흘이나 되어 벌써 냄새가 납니다."(요한 11,39)라고 말한 것에서 알 수 있듯이, 이미 죽은 라자로를 예수님이 다시 살리셨지요.

→ 73
예수님에게
'그리스도'라는
칭호가 붙은
이유는
무엇인가요?

🔥 많은 사람들이 예수님은 하느님의 메시아이며, 메시아로서 자신들을 로마의 지배에서 해방시켜 줄 것이라고 믿었습니다. 그들은 예수님을 따라다녔고, 예수님은 그들에게 함께 예루살렘으로 가자고 권하셨습니다. 정치적으로 껄끄러웠던 상황에서 당시 로마의 식민지였던 이스라엘로 가자고 하신 이유는 무엇일까요? 예수님은 증오스러운 로마인에게 맞설 준비를 하셨던 것일까요? 실제로 많은 이스라엘 사람들이 자신들을 해방시켜 줄 사람을 몹시 기다려 왔습니다. 하느님이 '메시아'를 보내시어 강력한 힘으로 이스라엘에서 로마의 무뢰한들을 쓸어버리실 것이란 소문이 오래전부터 떠돌고 있었기 때문입니다.

→ 요한 12,12-19

드디어 예수님이 예루살렘에 입성하셨습니

다. 그곳의 권력자들은 예수님이라는 위험 인물이 도성 안에 들어왔다는 사실을 금세 전해 들었습니다. 예수님이 입성하셨을 때는 이집트를 비롯한 여러 곳에서 수천 명의 유대인들이 거룩한 도시 예루살렘으로 순례하러 오는 파스카(하느님이 이스라엘 민족을 이집트에서 해방시켜 주신 것을 기념) 축제 시기였습니다.

축제 당일에는 수많은 어린양들을 제물로 태웠고, 그 연기로 인해 하늘이 온통 컴컴했다고 합니다. 그리고 이제 나자렛 출신의 예언자 예수님이 또 다른 방식으로 도시를 불태우기를 기대하는 사람들이 많았습니다. 하지만 예루살렘의 지도자들은 초강대국 로마의 강력한 점령군을 공격하는 것은 결국 수많은 희생을 불러올 무모한 일임을 잘 알고 있었기에 예수님을 좋지 않은 눈으로 보았습니다. 그런가 하면 예수님을 시기하고 질투하던 이들과 예수님 때문에 자신의 권력과 명예에 피해를 입을까 두려워하던 이들은 예수님을 궁지에 몰아넣을 방안을 논의했습니다.

그러나 예수님은 대중이 기대한 바와는 전혀 다르게 행동하셨습니다.

 → 95
예수님이 당신의 죽음과 부활의 날로 유대교의 파스카 축제일을 택하신 이유는 무엇인가요?

학대받고 천대받았지만 그는 자기 입을 열지 않았다.
도살장에 끌려가는 어린양처럼 털 깎는 사람 앞에 잠자코 서 있는 어미 양처럼 그는 자기 입을 열지 않았다.
이사 53,7

→ 마태 26,47-56;
요한 18,1-11

예수님을 잡으러 온 사람들에게 그분은 아무런 저항도 하지 않으셨습니다. 베드로는 예수님을 지키기 위해 뽑아 들었던 칼을 다시 칼집에 꽂아야 했지요.

→ 마르 15,1-5

법정에서도 예수님은 아무 말씀도 하지 않으셨습니다. 그리고 그분은 온갖 조롱을 받으셨습니다. 제자들은 한때 예수님을 무적의 챔피언으로 여겼지만, 그분에 관한 전설은 골고타 언덕에서 깨지고 말았습니다.

→ 마태 27,27-31;
마르 15,16-20

6.2 아무것도 사라지지 않았다

→ 마태 26,69-75

예수님을 따르던 이들은 그분이 체포되어 유죄 판결을 받으시고 누구의 도움도 받지 못한 채 범죄자로 처형되신 것을 보고 크게 실망했습니다. 놀랍게도, 예수님의 수제자였던 베드로조차 그분을 배반했지요. 사람들이 베드로에게 예수님과의 관계를 추궁하자 그는 거짓이면 천벌을 받겠다고 맹세하며 이렇게 말했습니다. "나는 그 사람을 알지 못하오."(마태 26,74)

예수님이 처형되셨을 때 그분의 제자들은 달아나 뿔뿔이 흩어졌습니다. 어부였던 제자는 다른 어부들에게 돌아가 이렇게 이야기하지 않았을까요? "이봐, 친구들! 내가 돌아왔다네. 다음에는 나와 같이 출항하세."

제자들은 자신들이 명예롭지 못한 모습으로 무대에서 사라진 영웅의 추종자였기에 슬그머니 달아나 한동안 숨어 지냈습니다. 그들은 과거의 일들을 더 이상 떠올리려 하지 않았지요.

**그런데 그처럼 실패한 인물에게서
어떻게 세계 최대의 신앙 공동체가 탄생할 수 있었을까요?**

세계적 종교의 태동

오늘날 세계 인구의 4분의 1에 달하는 20억에 가까운 사람들이 그리스도교 신앙을 고백하고 있습니다.

→ 마태 13,31-32

예수님이 돌아가신 지 30년도 채 되지 않지만, 갓 태어난 그리스도교는 당시 세계의 수도였던 로마를 비롯해 세계의 전 지역으로 퍼져 나갔습니다. '겨자씨의 비유'가 떠오를 만큼 가정에서 시작된 아주 작은 신앙 공동체는 유례없는 성장을 이루었습니다. 나라마다 새로운 신앙으로 인한 기쁨이 넘실거렸고, 명망이 높은 이들도 회개하고 자신의 하인들과 함께 세례를 받았습니다.

그러나 초대 그리스도교 신자들은 많은 박해를 받았습니다. 심지어 그들은 다른 이들에 의해 죽임을 당하기도 했습니다. 초대 교회의 신자들은 사자의 먹잇감으로 원형 경기장에

> 나일 강에는 물이 알맞게 차올랐지만 티베르 강에는 물이 넘쳐 성벽까지 차올랐을 때, 날씨에는 변화가 없는데 갑자기 땅이 진동했을 때, 기근이 들고 전염병이 창궐했을 때 사람들은 곧바로 "그리스도인들을 사자 밥으로 줘라!" 하고 아우성쳤습니다.
>
> **테르툴리아노**
> (160년경~220년경 이후),
> **교부, 라틴 교회 작가**

던져지기도 했지만, 그들은 배교하기보다는 차라리 죽기를 바랐습니다.

예수님을 통해 놀라운 일이 시작된 것입니다. 실망과 좌절에 빠져 있던 예수님의 제자들을 굳건하게 사로잡은 일이 일어났습니다. 그 일은 농부와 어부의 생활로 돌아갔던 제자들을 불러내어 열정적인 선교사와 신앙의 전달자로 변화시켰습니다.

무엇이 갈릴래아의 평범한 사람들을 신앙의 증거자로 변화시키고, 예수님이 돌아가신 지 300년도 지나지 않아 그리스의 철학자들과 로마의 황제들을 회개하게 했을까요? 예수님을 통한 이 놀라운 일들은 도대체 어디에서 시작되었을까요? 그에 관해 의견들이 분분하지만, 그중에서 몇 가지를 소개해 보겠습니다.

1 **예수님의 부활은 사실이며, 세계 역사에서 가장 위대하고 영광스러운 복귀를 한 유일무이한 사건**이라는 의견입니다. 예수님은 실제로 돌아가셨지만 다시 살아나셨습니다. 그런데 부활하신 예수님의 모습은 아주 달랐습니다. 그분은 잠긴 문으로 들어오시는(요한 20,19 참조) 등 돌아가시기 전과는 다른 모습을 보여 주셨습니다. 부활하신 예수님이 제자들 앞에 그처럼 생생하게 나타나셨기에, 제자들은 그분이 분명 다시 살아나셨고 영원히 사시리라는 것을 알 수 있었습니다. 심지어 제자인 토

→ 107
부활을 통해 예수님은 현세에서 지녔던 모습 그대로 되돌아가셨나요?

→ 요한 20,24-29

마스는 예수님의 옆구리에 난 상처에 손을 집어넣기도 했습니다. 이처럼 제자들을 세속적인 일상에서 다시 불러낸 사람은 바로 부활하신 예수님이셨습니다. 그렇게 해서 그리스도교의 원시 공동체가 탄생하게 되었지요. 부활하신 예수님이 제자들의 한가운데에 신비롭게 살아 계셨기에, 제자들은 많은 이들에게 성공적으로 선교할 수 있었습니다. 그리고 갓 태어난 교회는 놀라운 소식을 선포했습니다. '예수님을 믿는 사람은 죽더라도 영원히 살 것'(요한 11,25 참조)이라는 소식이었습니다.

이것이 바로 교회의 확신입니다.
이는 수많은 근거를 바탕으로 한 것이지요.

2 **예수님이 그저 가사假死 상태에 있었다는 의견**도 있습니다. 이러한 주장을 하는 이들은 추종자들이 예수님을 무덤에서 꺼내어 회복시켰다고 말합니다. 그리고 예수님이 제자들을 재조직해서 그리스도교라는 세계 종교의 형태를 만드셨다는 것이지요. 또한 예수님은 나중에 평온하게 세상을 떠나셨고, 알려지지 않은 곳에 안장되셨다고 주장합니다.

→ 103
예수님은 실제로 돌아가셨나요, 아니면 그저 돌아가셨던 것처럼 보였기 때문에 부활하실 수 있었던 건가요?

이는 매우 터무니없는 주장입니다.
예수님은 십자가에 못 박히셨을 뿐만 아니라
옆구리를 창에 찔리기도 하셨습니다.
그 상처에서 피와 물이 흘러나왔는데,
그분이 이미 숨을 거두셨음을 알려 주는
확실한 표징이었습니다.

3 어떤 이들은 **예수님이 실제로 돌아가셨지만, 제자들이 그분을 무덤에서 꺼내 다른 곳에 모시고는 '빈 무덤'에 관한 전설을 지어내 그분의 부활을 꾸며 냈다는 주장**을 하기도 합니다. 예수님의 복음을 더 널리 선포하기 위해 제자들이 그 전설을 이용했다는 것이지요.

**예수님의 제자들이 무덤을 훼손한
거짓말쟁이들이라고요? 그런 주장과는 달리
부활하신 예수님을 목격한 증인은 많습니다.**

그리스도께서
되살아나지
않으셨다면,
여러분의 믿음은
덧없고 여러분
자신은 아직도
여러분이 지은
죄 안에 있을
것입니다.
1코린 15,17

4 마지막으로, **예수님은 돌아가셨고 부활하지 않으셨지만, 그 상태로 이 세상에 여전히 현존하신다는 의견**도 있습니다. 예수님의 현존은 '그분의 일'이 지속되는 것을 통해 이루어진다는 이야기지요. 곧 예수님이 살아 계신 것이 아니라, 그분이 남기신 탁월한 말씀이 '살

아 있었고' 또한 '살아 있다'는 것입니다.

이러한 주장은 곳곳에서,
심지어 교회 안에서도 볼 수 있습니다.
부활의 기적을 믿지 않는 이들이 그러한 견해를
갖고 있지요. 하지만 그 견해에 따른다면,
그리스도교의 급속한 확산을
어떻게 이해할 수 있을까요?
그들에게는 갈수록 많은 이들이 "알렐루야,
예수님은 살아 계시네!"라고 노래하는 것이,
하느님이 연출하신 일종의 플래시몹처럼
여겨지는 것일까요?

여러분은 플래시몹을 실제로 본 적이 있나요? 인터넷에 올라온 플래시몹의 목격담 하나를 소개해 드리겠습니다.

"성탄절을 며칠 앞둔 날, 우리는 대형 쇼핑몰에 갔습니다. 그곳에는 쇼핑백을 든 수많은 사람들로 북적였어요.

그때 갑자기 한 남자가 의자 위로 올라가더니, 온 힘을 다해 '알렐루야, 알렐루야……' 하고 노래하기 시작했습니다. 헨델이 작곡한 유명한 성가인 〈알렐루야〉였지요. 사람들이 '정신 나간 사람인가 봐.' 하고 수군거리며 소리가

> 그리스도의 죽음과 부활 사건은 그리스도교의 핵심이자 우리의 신앙을 지탱하는 중심 내용이며, 우리가 확신을 가질 수 있는 강력한 이유이고, 모든 두려움과 불확실함, 모든 의혹과 인간적인 계산을 날려 버리는 강력한 바람입니다.
> **베네딕토 16세 교황**

나는 쪽으로 고개를 돌렸습니다. 그런데 불과 몇 초 후에, 이번에는 반대편에서 노래를 따라 부르는 소리가 들렸습니다. '뭐야? 저 사람도 정신이 좀 이상한 건가?'라는 생각이 든 순간, 이어서 그 두 사람과 잘 어울리는 세 번째 목소리가 더해졌습니다. 5분쯤 지나자 쇼핑몰 곳곳에서 많은 사람들이 노래하고 있었습니다. 그러한 광경에 웃는 사람도 있었고 고개를 흔드는 사람도 있었지요.

마침내 그곳에서 일어난 광경이 우연히 벌어진 일이 아니라는 것을 모두가 알아차렸습니다. 어떤 합창단이 기발한 방식으로 플래시몹을 펼쳤던 것이지요. 그들은 미리 계획을 하고, 마치 쇼핑몰에 온, 서로 모르는 사람인 듯 행동했던 것입니다."

사실 우리가 여러분에게 우리 주 예수 그리스도의 권능과 재림을 알려 줄 때, 교묘하게 꾸며 낸 신화를 따라 한 것이 아닙니다. 그분의 위대함을 목격한 자로서 그리한 것입니다.
2베드 1,16

이와 더불어 하느님이 연출하신 것이 아니라면 제자들이 연출한 플래시몹이라고 주장하는 의견도 있습니다. 그들은 제자들이 한동안 사방으로 뿔뿔이 흩어져 지내면서 예수님을 잊을 수 없었기에 예수님을 따르는 다른 방법을 생각해 냈다고 말합니다. "예수님은 실패했을지라도 우리에게는 그분의 가르침이 여전히 남아 있어. 우리가 그분의 가르침대로 산다면,

그것이 어떤 의미로는 예수님이 '살아 계신' 것과 같을 거야."

그렇게 해서 '한마음, 한 몸'인 원시 교회 공동체가 탄생했다는 것이지요. 원시 교회 공동체에서는 다양한 사람들이 자신의 영혼 안에 '예수님이 살아 계심'을 보여 주었습니다. 그리고 예수님이 살아 계심을 유대인들과 그리스인들에게 납득시키려고 바오로 사도와 복음사가들이 '빈 무덤'과 '예수님의 부활'이라는 상징적인 이야기들을 지어냈다는 것입니다.

우리는 이러한 견해를 어떻게 받아들여야 할까요? 예수님의 부활은 그저 하나의 '상징'이거나 "이제부터 그것을 부활이라고 부르자."라는 그리스도인들 사이의 약속에 지나지 않

> 그리스도의 십자가는 모든 분열의 간격을 메우고, 모든 상처를 치유하며, 형제적 사랑으로 이끌어 유대를 다시 맺게 하는 하느님의 능력을 드러냅니다.
>
> **프란치스코 교황**

을까요? 만약 그분의 제자들이 꾸민 플래시몹이 그리스도교의 실제 역사이고, 그것이 사실이라면, 그리스도교의 핵심 사건은 허구이며 사도들은 2천 년 동안 사람들을 속인 사기꾼에 지나지 않을 것입니다. 그러나 예수님의 부활은 분명한 사실입니다.

그리하여 교회에서는 예수 부활 대축일 미사 때 드리는 부속가 중에 이렇게 말합니다.

그리스도 나의 희망
죽음에서 부활했네.

→ 104
그리스도의 부활을
믿지 않고도
그리스도교
신자라고
할 수 있나요?

이 부속가는 〈알렐루야〉를 동시에 부르기로 미리 약속한 플래시몹과는 다른 것입니다. 교회는 자신이 말하는 내용을 확실하게 믿고 있으니까요.

 6.4 예수님의 부활 장면

→ 105
제자들은
예수님의 부활을
어떻게 믿게
되었나요?

원시 교회에서는 교회와 거리가 먼 사람도 예수님의 부활을 거짓이라 여기지는 않을 것이라 확신했습니다. 그 이유는 무엇일까요?

예수님의 부활에 관한 가장 오래된 기록을

살펴봅시다. 그 기록은 55년경에 바오로 사도가 쓴 코린토 신자들에게 보낸 첫째 서간에 있습니다. 바오로 사도는 예루살렘에서 일어난 사건을 직접 목격하지는 못했지만, 그 사건을 직접 목격한 목격자들의 증언을 근거로 기술했습니다. 바오로 사도의 기록에 따르면 그리스도는 아래와 같이 수많은 이들에게 나타나셨습니다.

→ 1코린 15,3-8

- "케파(케파는 '바위'라는 의미를 지녔으며, 사도들의 대표라 할 수 있는 베드로 사도를 가리킴)에게"(1코린 15,5)
- "열두 사도에게"(1코린 15,5)
- "한 번에 오백 명이 넘는 형제들에게"(1코린 15,6)
- "야고보에게"(1코린 15,7)
- "다른 모든 사도에게"(1코린 15,7)
- "칠삭둥이 같은 나에게도"(1코린 15,8)

그런데 바오로 사도가 자신을 '칠삭둥이'라고 지칭한 이유는 무엇일까요? 또한 바오로 사도는 그리스도교 공동체에 비교적 나중에 합류했음에도 불구하고, 무엇을 근거로 부활하신 예수님이 자신에게도 나타나셨다고 말할 수 있었을까요? 이 질문들에 답하려면, 먼저 '사울'이라는 이름으로 불리던 바오로 사도에 관한 이야기를 살펴봐야 합니다.

갓 태어난 그리스도교 공동체는 사울이란 인물을 몹시 두려워했습니다. 사울은 그리스도교 신자들을 박해하는 일에 앞장선 사람이었기 때문입니다. 사도행전에서 "사울은 여전히 주님의 제자들을 향하여 살기를 내뿜으며"(사도 9,1)라고 전할 정도였지요. 사울은 그리스도교의 첫 순교자인 스테파노 성인이 돌에 맞아 죽을 때 돌을 던지던 유대인들의 겉옷을 맡기도 했습니다. 또한 성경에 "사울은 스테파노를 죽이는 일에 찬동하고 있었다."(사도 8,1)라고 기록되어 있습니다.

바오로 사도가 왜 자신을 '칠삭둥이'라고 지칭했는지 이제 이해가 되나요? 그는 많은 잘못을 저지른 사람이었습니다. 그리스도는 바오로 사도에게 이러한 사실을 일깨우시려고 그에게 직접 말씀하시고, 그의 눈을 멀게 하셨습니다.

→ 사도 9,4 - 5

사울아, 사울아, 왜 나를 박해하느냐?
나는 네가 박해하는 예수다.

그 사건은 바오로 사도에게 새로운 생명을 준, 고통스러운 출산 과정과도 같았습니다.

 → 사도 9,1-31

사도행전에 나오는 바오로 사도에 관한 흥미진진한 이야기를 꼭 읽어 보세요. 예수 그리스도가 배반자였던 베드로와 박해자였던 바오로를 뽑으시어 그들의 도움으로 당신의 교회를 세우신 이야기는 얼마나 놀라운지요!

이를 위해 예수님은 이 두 사람에게 당신이 **부활**하셨으며 살아 계시다는 사실을 아주 명백하게 드러내셔야 했습니다. 그를 통해 바오로 사도도 자신을 '부활의 증인'이라고 말할 수 있게 되었습니다.

 → 106
예수님이 부활하셨다는 증거가 있나요?

여기까지의 내용이 예수님의 부활에 관한 진실입니다.

6.5 예수님의 부활이 우리에게 주는 의미

여러분의 주변 사람들 중에 이미 돌아가신 분이 있다면 그분을 떠올려 보세요. 어쩌면 그분은 여러분의 가까운 친척이거나 할머니, 할아버지일 수도 있겠지요. 심지어 여러분의 엄마나 아빠, 형제일 수도 있습니다.

- 여러분은 그분이 완전히 사라졌으며, 그래서 처음부터 있지도 않았던 것처럼 느껴지나요?
- 하느님도 언젠가 그분을 잊으실 수 있다고 생각하나요?
- 아니면 그분이 새로운 생명을 누리고 있다고, 즉 하느님 곁에서 새로운 모습으로 살고 있다고 생각하나요?

하느님이 살아 있는 자들의 명단에서 자신의 이름을 지워 버리지 않으실 것이라고 기대하는 사람들이 많습니다.

**사라지고
죽지만
새로운 생명을 얻는다.**

우리는 그 사실을 예수님의 죽음과 부활을 통해 알고 있습니다. 예수님은 마르타에게 이렇게 말씀하셨습니다. "나는 부활이요 생명이다. 나를 믿는 사람은 죽더라도 살고, 또 살아서 나를 믿는 모든 사람은 영원히 죽지 않을 것이다."(요한 11,25-26) 죽은 라자로가 예수님을 통해 새로운 생명을 얻게 되리라는 것을 마

(주님께서 말씀하신다.)
"여인이 제 젖먹이를 잊을 수 있느냐? 제 몸에서 난 아기를 가엾이 여기지 않을 수 있느냐? 설령 여인들은 잊는다 하더라도 나는 너를 잊지 않는다."
이사 49,15

 → 108
부활을 통해 이 세상은 어떻게 변했나요?

르타가 믿지 못하고 있었기 때문에 이렇게 말씀하신 것이지요. 그리고 나서 예수님은 마르타에게 물으셨습니다. "너는 이것을 믿느냐?"(요한 11,26)

모든 그리스도인들은 이 질문에 답해야만 합니다.

여러분은 이러한 예수님의 말씀을 믿고 있나요?

7 항상 우리와 함께하는 존재
성령을 찾아가는 여행

여러분이 견진성사를 받을 때 성령이 여러분에게 내려오십니다. 아마 여러분은 '영'과 관련된 이야기를 들어 본 적이 있겠지요? 어쩌면 '위대한 영'처럼 유명한 철학자나 뛰어난 작가를 가리킬 때 쓰는 표현이 떠오를 수도 있습니다. 교회에서 매우 중요하게 여겨지는 성령은 오순절에 "불꽃 모양의 혀"(사도 2,3)로 나타나 제자들 위에 내려왔다고 성경에 기록되어 있기도 합니다. 성령이 어떤 존재이신지 더 알아봅시다.

→ 사도 2,1-4

7.1 세상에서 가장 현대적인 종교

이스라엘 민족은 세상에서 가장 현대적인 종교를 갖고 있다는 자부심이 대단했습니다. 예수님 시대에 세상에서 가장 뛰어난 지성을 지녔던 민족이었다고 이야기하는 그리스인들조차 번개 속에 숨어 있는 신이나, 하늘과 이 세상 사이를 오르락내리락하는 여러 신들을 상상했습니다. 그에 반해 유대인들에게 신은 오로지 야훼 한 분뿐이었습니다. 다시 말해 그들은 유일신 신앙을 갖고 있었지요.

나는 ······
주 너의
하느님이다.
너에게는
나 말고 다른 신이
있어서는 안 된다.
탈출 20,2-3
(십계명 중
첫 번째 계명)

7.2 하느님이 세 분이시라고요?

→ 35
우리가 믿는 하느님은 한 분이신가요, 아니면 세 분이신가요?

그런데 예수님이 이 세상에 오심으로써 갑자기 이야기가 복잡해졌습니다. 유대인들은 예수님이 하늘에 계신 하느님을 '**아버지**'라고 부르는 것은 받아들일 수 있었습니다. 그것은 유일신 신앙에서 신을 뜻하는 표현이었기 때문이지요. 그러나 예수님이 죄를 용서해 주시거나 병자들을 고쳐 주시고, 죽은 이를 다시 살리시는 등 오로지 하느님만이 하실 수 있는 일들을 행하시자, 유대인들은 혼란스러워졌습니다. '이게 뭐야? 별안간 하느님이 두 분이나 계시는 거잖아? **아버지** 하느님과 **아들** 하느님 말이야.' 이러한 생각은 유대인들에게 유일신 신앙 이전으로 돌아가는 것을 뜻했습니다. 그들은 이를 받아들일 수 없었지요. 그래서 그들은 예수님을 십자가에 못 박게 됩니다.

→ 요한 14,16-17

그런데 그보다 더 놀라운 일이 일어났습니다. 예수님이 제자들과 작별하실 때 그들에게 "다른 보호자"(요한 14,16) 곧 **성령**을 약속하신 것이지요. 제자들은 오순절이 되어서야 예수님의 약속이 무엇을 의미하는지 깨달았습니다. 성령이 그들 위에 내려오셨기 때문입니다.

→ 118
오순절에는 어떤 일이 일어났나요?

제자들은 신앙 안에서 깊은 확신과 기쁨을

느꼈습니다. 또한 그들은 **특별한 은사**Charism를 받아 예언을 하고 병을 치유하며 기적을 행할 수 있었습니다. 그때부터 그리스도교 신자들은 아버지와 아들, 그리고 성령께 기도하며, **성부**와 **성자**와 **성령**의 이름으로 세례를 베풀었습니다.

→ 요한 20,19-22; 사도 2,1-4

그렇다면 이것을 하느님이 세 분이시라고 그리스도인이 고백하는 것이라고 할 수 있을까요?

→ 113
성령을 믿는다는 것은 무엇을 뜻하나요?

그렇지 않습니다. 그리스도인들은 여러 신들을 믿는 다신론자가 아닙니다. 초대 교회에서는 오랜 논란 끝에 '한 분이시지만 세 위격을 지니신 하느님'이란 교리를 확정했지요. 이것을 가리켜 **'삼위일체'**라고 부릅니다. 실제로 하느님은 한 분이십니다. 그러나 한 분이신 하느님은 가장 깊은 본성상 공동체를 이루며 세 위격이 서로 친교를 나누고 계십니다. 교회는 이것을 예수님을 통해 배웠지요.

성령은 성부와 성자와 마찬가지로 똑같은 하느님이십니다. 교회가 신앙 고백을 통해 굳게 믿고 있는 바와 같이, 성령은 성부와 성자에게서 나오셨으며, 성부와 성자를 하나로 만드시는 사랑입니다. 또한 성령은 우리와 예수님을, 그리고 모든 그리스도인들을 하나로 만드십니다. 하느님은 그러한 성령을 우리 인간들에게 주셨습니다.

7.3 알려지지 않은 위대한 존재

예수님이 하느님의 아드님이심을 이해하고, 아버지이신 하느님께 기도도 하지만, 여전히 성령이 낯설다고 이야기하는 사람들이 많습니다. 그러니 여기서는 성령에 대해 좀 더 알아보겠습니다. 성령에 대해 알려 주는 명백한 표지에는 어떤 것들이 있을까요?

→ 38
'성령'은 어떤 분이신가요?

- 성령은 하느님의 영이며, 예수님을 움직였던 힘이고, 예수님과 아버지 하느님이 서로 나누셨던 사랑이자, 병자들을 고치셨던 예수님의 힘이라 할 수 있습니다.

→ 115
성령은 어떤 이름과 표징을 통해 모습을 드러내시나요?

- 예수님이 요르단 강에서 세례를 받으셨을 때 하늘에서 하느님의 영이 비둘기처럼 그분 위로 내려오셨습니다(마태 3,16 참조).
그것을 두고 아버지 하느님이 예수님에게 훌륭한 생각들과 신적인 에너지를 보내셨다고 말하는 이들도 있습니다. 그러나 그런 해석이 정확히 맞는다고 할 수는 없습니다. 훌륭한 생각들은 바람처럼 불어왔다가 사라질 수도 있고, 에너지는 기대한 만큼의 효과를 보지 못할 수도 있기 때문입니다.

→ 114
예수님의 삶에서 성령은 어떠한 역할을 하셨나요?

- 예수님은 하늘로부터 어떤 생각을 받으신 것도 아니고, 마치 축전기처럼 신적인 에너

지를 모으신 것도 아닙니다. 예수님의 세례 때에는 그분과 아버지 하느님의 관계가 드러났을 뿐입니다.

- 성령은 우리 안에 계신 하느님의 사랑입니다. 그 사랑은 우리를 바라보고 우리의 말을 들으며 우리에게 직접 대답합니다.
- 예수님은 당신의 사랑과 당신의 성령을 우리에게 선물로 주셨습니다. 이는 예수님이 당신 힘의 일부를 우리에게 주셨다는 이야기가 아닙니다. 예수님이 주신 성령은 무엇인가를 행하고, 우리의 말을 듣고 대답할 뿐만 아니라, 우리를 인도하고 이끌며, 우리 기도의 대상이 되기도 하는, 살아 있는 실재實在입니다.
- 성령은 예수님이 제자들 곁에 계셨던 것과 똑같은 모습으로 우리 곁에 가까이 계십니다. 우리를 세심하고 유익하게 보살피시며, 기적을 행하십니다.
- 그러므로 "예수님의 성령이 교회 안에 살아 계시며 교회를 이끄신다."라는 말은 '하느님의 실재에 마음을 연 모든 신자들 안에 성령이 살아 계신다.'라는 뜻으로 이해해야 합니다.

예수님은 아버지 하느님의 곁에 계십니다. 그러나 우리는 성령을 통해 예수님이 여전히 갈릴래아의 밀밭 사이를 걸으시

거나 갈릴래아 호숫가에서 우리에게 말씀하고 계심을 느낄 수 있습니다.

7.4 성령과 우리의 마음

우리는 일상에서 마음을 상징하는 하트가 그려진 그림이나 물건을 볼 수 있습니다. 그런데 하트 모양은 세상 곳곳에서 '사랑'을 상징하는 것으로 쓰이기도 합니다. 곧 '마음=사랑!'이라는 뜻으로 쓰이는 것이지요.

우리의 마음이 곧 사랑이라고요? 정말로 모든 사람들의 마음에 **'사랑'**의 감정만 있다면 얼마나 좋을까요? 만약 우리 모두가 다른 사람을 선의와 상냥하고 따뜻한 마음으로만 대하게 된다면, 그것은 기적 같은 일이라고 할 수 있을 것입니다.

→ 마르 7,20-23

하지만 사람의 마음에는 사랑도 있지만, 이와는 반대로 탐욕·악의·시기 같은 것들도 있습니다. 예수님은 사람에게서 나오는 온갖 악한 것들이 사람의 마음을 더럽힌다고 말씀하셨습니다.

이는 잠깐만 실험해 봐도 알 수 있습니다. 혼자 고요한 방에 앉아서, 스마트폰과 컴퓨터 등을 사용하지 않고, 또 아무 상념에도 빠지지 않고 딱 5분만 보내 봅시다.

자, 어땠나요? 아무 상념에 빠지지 않은 것은 아주 잠깐뿐이었고, 금세 여러 가지 느낌과 생각들이 떠올랐을 것입니다.

- 그것은 불안감이나 이유를 알 수 없는 슬픔이기도 합니다.
- 더러는 미움과 분노의 감정에 휩싸이기도 하지요.
- 갖지 못한 것을 갖고 싶다는 탐욕이 우리의 마음을 사로잡기도 합니다.
- 자신보다 뛰어난 외모를 갖고 있거나, 더 똑똑하고 출세했거나, 더 인기가 많은 사람에 대한 질투가 솟구친 적도 있습니다.
- 때때로 자신의 마음이 더러운 것들로 가득한 웅덩이 같다는 생각이 든 적도 있을 테지요.

어떤 이들은 자신의 마음을 이렇게 표현하기도 합니다. "저는 참된 기쁨을 찾고 있지만 아직 찾지 못했어요.", "제 마음은 무엇으로도 채워지지 않습니다.", "제 마음은 항상 평온하지 않아요."

우리가 만족할 수 없는 이유

우리가 무엇으로도 만족하지 못하는 것은 우리의 마음이 너무 큰 갈망과 욕심으로 차 있기 때문이 아닙니다.

**사실 하느님이 우리를 만드실 때
당신 이외에 어떤 것에서도
만족을 느끼지 못하도록 만드셨기 때문입니다.**

> 주님,
> 님 위해 우리를
> 내시었기 님 안에
> 쉬기까지는
> 우리 마음이
> 찹찹하지
> 않삽나이다.
>
> 아우구스티노 성인

여러분의 마음에 있는 커다란 공허감을 받아들이세요. 그러한 공허감은 하느님이 여러분 안에 거처하시기 위해 필요합니다. 하느님은 우리가 행복하기를 바라시며, 우리 몸의 마지막 세포까지도 당신으로 채우고자 하십니다. 하느님은 결코 우리에게 하느님 자신보다 적게 주시는 법이 없으며, 우리가 끝없이 기쁨을 누리기를 바라십니다. 그렇기 때문에 하느님은 우리의 마음을 아주 넓게 만드셨고, 또한 당신의 성령 이외에는 아무도 그 안에 거처할 수 없게 만드셨습니다.

불안 · 슬픔 · 미움 · 분노 · 탐욕 · 시기 · 질투 대신에 여러분의 마음속에 있는 것은 무엇입니까? 그것은 바로 사랑이며, 사랑은 성령과 다르지 않습니다.

→ 1요한 4,16

만약 이 말이 사실이 아니라면, 사람은 돈이 많을수록 더 행복해져야 할 것입니다. 세계 부자 순위에 이름을 올리고, 백화점을 돌며 명품을 사들이고, 롤스로이스나 페라리와 같은 비싼 차들로 차고를 꽉 채우고, 남부러울 것 없이 갖고 싶은 물건을 소유한 사람이 행복한 사람이겠지요. 그런데 그러한 사람들이 정말로 행복해졌는지는 알 수 없습니다.

그러나 아주 소박한 삶을 살지라도 성령께 자신의 마음을 연 사람은 금세 평화와 기쁨을 느끼게 됩니다. 사랑이신 분이 몸소 그를 찾아와 그의 안에 거처하시기 때문이지요.

 → 120

성령은 나의 삶에서 어떤 일을 하시나요?

7.6 오소서, 성령님!

여러분은 프랑스의 작은 도시 떼제에 대해 들어 본 적이 있나요? 떼제는 수많은 사람들이 하느님에 대한 깊은 믿음을 갖게 하는 곳으로 잘 알려진 도시입니다. 특히 여름이면 전 세계에서 수천 명의 젊은이가 찾아옵니다. 그들은 텐트에서 야영을 하거나 임시 숙소에서 머무릅니다. 방문객들은 수도자들과 이야기를 나누거나 기도 모임에 참여할 수 있습니다.

그곳에서 가장 멋진 행사는 기도 모임입니다. 하루에 세 번 모임이 열리는데, 종소리가 울리면 모든 이들이 빠짐없이 교회로 향하지요. 그곳의 기도 모임은 세상 어디에서도 볼 수 없는 아주 특별한 모습을 지니고 있고, 교회 또한 매우 특이한 모습을 지녔습니다.

우선 교회에는 의자가 없고, 모두들 바닥에 앉습니다. 그러면 흰색 수도복을 입은 수사들이 줄지어 들어와서 젊은이들

한가운데에 조용히 자리 잡는 것으로 기도 모임이 시작됩니다.

이어서 침묵 속에서 갑자기 한 사람이 아주 낮은 목소리로 "베니, 상테 스피리투스Veni, Sancte Spiritus"라고 노래하기 시작합니다. 라틴어로 된 이 가사는 "오소서, 성령님"이라는 뜻입니다. 이어서 몇몇 사람들이 따라 부르다가 마침내 모든 참례자들이 화음을 이루어 간절한 마음으로 노래합니다. 모두가 한마음으로 노래하는 것이지요.

천상의 소리 같은 아름다운 노래는 멈추지 않을 것처럼 울려 퍼지고, 모든 참례자들은 갈수록 노래에 빠져들며 자신의 영혼이 기쁨과 평화로 채워지는 것을 느끼게 됩니다.

여러분도 더 깊은 신앙을 열망하는 마음으로 '성령 송가'를 함께해 보세요.

> **"**
> 우리가 진정으로 기도하기를 원한다면 먼저 들을 줄 알아야 합니다. 하느님은 마음의 고요 속에 말씀하시기 때문입니다.
> — 마더 데레사 성녀

"오소서, 성령님. 주님의 빛, 그 빛살을 하늘에서 내리소서.
가난한 이 아버지, 오소서 은총 주님, 오소서 마음의 빛.
가장 좋은 위로자, 영혼의 기쁜 손님, 저희 생기 돋우소서.
일할 때에 휴식을, 무더위에 시원함을, 슬플 때에 위로를.
영원하신 행복의 빛, 저희 마음 깊은 곳을 가득하게 채우소서.
주님 도움 없으시면, 저희 삶의 그 모든 것, 해로운 것뿐이리라.

허물들은 씻어 주고, 메마른 땅 물 주시고, 병든 것을 고치소서.
굳은 마음 풀어 주고, 차디찬 맘 데우시고, 빗나간 길 바루소서.
성령님을 굳게 믿고, 의지하는 이들에게, 성령 칠은 베푸소서.
덕행 공로 쌓게 하고, 구원의 문 활짝 열어, 영원 복락 주옵소서."

성령의 아홉 가지 열매

여러분은 자신 안에 성령이 계시다는 것을 어떻게 알 수 있나요?

갈라티아 신자들에게 보낸 서간에는 성령의 아홉 가지 열매에 관한 이야기가 나옵니다.

→ 갈라 5,22-23

사랑

성령이 계신 곳에 사랑도 있습니다. 성령이

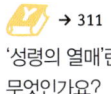
→ 311
'성령의 열매'란 무엇인가요?

> 성령 그 자체가 선물이지요! 사랑이시며, 그대를 예수님과 사랑에 빠지게 하는 그 성령 말입니다.
>
> **프란치스코 교황**

우리 안에 내재된 하느님의 사랑에 불을 지펴 주는 것이지요. 우리 안에는 인간과 동물, 꽃 등 하느님이 만드신 피조물에 대해 그분이 갖고 계신 모든 감정들이 내재되어 있습니다. 우리에 대한 하느님의 사랑은 헤아릴 수가 없지요. 하느님의 사랑은 조건 없는 영원한 사랑으로 "언제까지나 스러지지 않습니다."(1코린 13,8) 하느님의 사랑에는 신의가 있으며, 우리의 모든 것을 변화시킵니다. 우리 안에 내재된 하느님의 사랑을 통해 우리는 모든 것을 새로운 눈으로 보게 됩니다.

기쁨

성령이 계신 곳에 기쁨도 있습니다. 신나는 음악이 울려 퍼지고, 모두가 손을 높이 들어 환호하며 춤추는 공연장을 떠올려 보세요. 예수님이 죽음을 이기셨다는 소식을 듣고 우리는 이러한 공연장에서 환호하는 것보다 더 기뻐할 수 있습니다. 얼마나 멋진 일입니까? 우리는 구원을 받았고, 우리를 위한 낙원이 준비되어 있습니다. 그래서 여전히 이 세상의 수많은 문제들에 시달린다 할지라도 우리는 기쁨에 겨워 춤출 수 있습니다. 또한 잊지 마십시오. 하늘나라에서는 회개할 필요가 없는 의인

→ 루카 15,1-7

아흔아홉보다 회개하는 죄인 하나 때문에 더 기뻐할 것이라 했습니다.

평화

성령이 계신 곳에 평화도 있습니다. 여러분의 마음속에 있는 불안과 슬픔과 두려움은 사라지고 여러분은 평정심을 되찾을 것입니다. 더 이상 바람에 흔들리는 나뭇잎처럼 감정에 휩쓸리지 않을 것입니다. 또한 여러분은 다른 이들, 심지어 동물들과도 조화를 이루며 살기에, 모두들 여러분과 가까워지고 우정을 쌓기를 바랄 것입니다. 평화로운 마음을 가진 덕분에 여러분은 다른 사람들의 호감을 얻을 것입니다.

> 하느님의 평화가 당신 안에 뿌리내리면, 당신은 그분의 평화를 사람들에게 전하게 되고, 삶에 대한 그들의 두려움과 의혹을 치유하게 될 것입니다.
>
> **사르벨리오 마클루프 성인**
> (1828~1898년),
> **레바논의 사제이자 은수자**

인내

성령이 계신 곳에 인내도 있습니다. 인내는 끈기를 의미합니다. 다른 사람들은 이미 포기한 곳에서 여러분은 힘껏 출발합니다. 예전에는 500미터도 겨우 달렸지만, 지금은 마라톤을 뜁니다. 심지어 여러분은 예상하지 못한 실패도 견디어 냅니다. 성령은 여러분을 결코 포기할 줄 모르는 투사로 만드시기 때문입니다. 다른 이들은 여러분이 어디에서 그런 힘을 얻

> 주님, 주님의 모든 요구를 실행할 힘을 저에게 주소서. 그런 다음 주님께서 원하시는 것을 저에게 요구해 주소서.
>
> **아우구스티노 성인**

VENI – VENI – VENI

는지 궁금해하겠지만, 여러분은 그 힘의 원천을 알고 있습니다.

호의

성령이 계신 곳에 호의도 있습니다. 우리는 뒤에 오는 사람을 위해 문을 잡아 주거나, 무거운 짐을 들고 가는 어르신의 짐을 대신 들어 주기도 합니다. 마더 데레사 성녀는 임종자를 돌보는 동료 수녀들에게 늘 다음과 같은 말로 일깨워 주었습니다. "임종자들을 돌보는 것만으로는 충분하지 않습니다. 여러분은 그 일을 미소 띤 얼굴로 행해야 합니다."

선의

성령이 계신 곳에 선의도 있습니다. 하느님은 매우 선하신 분이십니다. 선을 행할 때 우리는 하느님이 가까이 계심을 느끼게 됩니다. 끊임없이 선을 행하는 사람은 습관적으로 다른 이들을 선하게 대하기에 자연스럽게 선량한 사람이 됩니다. 선량한 사람은 넘어진 아이를 일으켜 주거나, 어르신의 이야기에 오랜 시간 귀 기울여 줍니다. 소외된 이웃을 돕기 위

> 자선은 금전적 여유가 있을 때 하는 것이 아닙니다. 나에게 필요한 것을 남을 위해 베풀 줄 알 때 그것이 곧 자선이요, 사랑입니다.
>
> 김수환 추기경

SANCTE SPIRITUS!

한 바자회에 참석하거나, 연탄 나눔 봉사에 참여하기도 하지요. 선하게 사는 것은, 하느님을 사랑하는 사람다운 생활 방식입니다. 선량한 사람 곁에서 우리는 숨을 돌리고 활력을 되찾습니다.

> 사랑과 선의보다 더 큰 감동을 주는 것은 없습니다.
>
> **시에나의 가타리나 성녀**

성실

성령이 계신 곳에 성실도 있습니다. 하느님은 이랬다저랬다 하시는 분이 아닙니다. 하느님이 여러분의 청원을 간혹 기대와는 다른 방식으로 들어주신다 하더라도 여러분은 그분을 100퍼센트 신뢰해야 합니다. 여러분이 하느님의 뜻과 다른 행동을 수없이 저지르더라도 하느님은 여러분에게 신의를 지키십니다. 성령은 여러분의 마음을 굳건하게 만드시고, 여러분이 성실하신 하느님의 참된 모상답게 '죽기까지 성실하도록' 도우실 것입니다.

여러분은 혹시 프랑스의 작가인 생텍쥐페리가 쓴 《어린 왕자》를 읽어 본 적이 있나요? 그 책에는 성실에 관한 이러한 멋진 말이 나옵니다. "너는 네가 길들인 것에 언제까지나 책임이 있어."

> 어떤 일이 어려워 보일 때에는 우리의 소명이 성공이 아닌 성실에 있음을 기억하십시오.
>
> **마더 데레사 성녀**

온유

행복하여라,
온유한 사람들!
마태 5,5

성령이 계신 곳에 온유도 있습니다. 온유는 여러분이 갖게 될 온화한 용기를 말합니다. 그 용기는 폭력적이지 않으며, 선을 위한 투쟁에서 파괴하기보다는 건설하고 치유하며 아름다움을 이끌어 냅니다. 다시 말해 여러분은 사랑과 인내가 결합된 용기를 갖게 될 것입니다. 사랑으로 가득 찬 마음으로 인내하며, 하느님의 뜻에 맞는 일을 행하는 것이 바로 하느님의 마음에 드는 용기입니다. 예수님은 십자가 상 죽음에 이르기까지 당신만의 독특하고 용기 있는 방식으로 비폭력의 길을 걸으셨고, 그로써 세상을 구원하셨습니다.

절제

성령이 계신 곳에 절제도 있습니다. 여러분 안에 사시는 성령이, 여러분이 온전히 자기 자신이 될 수 있도록 이끄실 것입니다. 여러분은 여러분을 지배하려 하거나, 의존적으로 만드는 사람들, 또는 이런저런 명령을 내리는 권력자들에게 더 이상 얽매이지 않을 것입니다. 또한 더 이상 욕망에 따라 행동하지 않을 것입니다. 나아가 자신의 마음이 진정으로 원하는 일을 행할 자유, 곧 하느님이 여러분을 창조하실 때 불어넣으신 선을 행할 자유를 얻게 될 것입니다.

> 우리가 받는 위협은 적이 아니라 우리 자신에게서 옵니다.
>
> **샤를 드 푸코 성인**

하느님과 이야기해 보세요!
8. 기도로 하느님과 가까워지기

신앙인에게 기도는 매우 중요합니다. '기도하지 않는 그리스도인'이란 말은 결코 성립할 수 없는 말이지요. 만약 연인 사이에서 사랑의 마음을 말이나 행동으로 전하지 않는다면, 그들은 함께하기 어려워집니다. 그와 마찬가지로 우리도 매일같이 하느님과 가깝게 지내기 위해 끊임없이 노력하지 않는다면, 결국은 하느님과 함께하기 어려워집니다.

사랑하는 하느님은 자신을 귀찮게 하는 것을 좋아하십니다.

요한 마리아 비안네 성인

 기도란 무엇인가요?

예수의 데레사 성녀는 기도가 무엇인지 잘 알고 있었습니다. 성녀는 열정적이고 매우 활달한 분인 동시에, 하느님과 깊은 대화를 나누는 신비가였습니다. 또한 가톨릭교회에서 기도를 가장 훌륭하게 가르친 분으로 전해지고 있습니다.

그렇다면 예수의 데레사 성녀는 기도가 무엇이라고 이야기했을까요?

기도 속에서 하느님과 이야기를 나누십시오. 그러면 여러분의 마음은 사랑으로 풍요로워질 것입니다.

김수환 추기경

"저는 기도가 저를 사랑하는 친구와 만나 기쁜 마음으로 이야기를 나누는 것과 같다고 생각합니다."

8.2 마더 데레사 성녀에게 배우는 기도

 → 469
기도란 무엇인가요?

> 기도한다는 것은 사랑하는 마음으로 예수님을 생각한다는 것입니다. 기도는 예수님에게 전념하는 영혼의 몰입입니다. 예수님을 더 많이 사랑할수록 기도도 더 잘하게 됩니다.
> **샤를 드 푸코 성인**

어쩌면 여러분은 이렇게 생각할지도 모르겠습니다. '기도를 잘하고 싶다면 성인들 같은 삶을 살아야 된다는 건가? 수영을 잘하고 싶다고 올림픽 금메달리스트를 찾아가지는 않잖아?'

걱정할 필요는 없습니다. 위대한 인물로 칭송받는 마더 데레사 성녀도 처음에는 우리와 마찬가지로 기도하는 것을 배워야 했거든요. 또한 마더 데레사 성녀는 하느님이 아주 멀리 계시다는 생각에 오랫동안 사로잡혀 있었고, 아무것도 느낄 수 없었다고 합니다. 그러나 그분은 한 가지 사실만은 확실히 알고 있었습니다. 하느님이 아주 가까이 계시기 때문에 우리는 반드시 하느님과의 내적인 관계 속에서 살아야 된다는 것이지요. 하느님은 우리 생명의 근원이시며, 하느님이 원하지 않으시면 아무것도 이루어지지 않습니다. 이를 잘 아는 마더 데레사 성녀는 지칠 줄 모르는 크나큰 열정으로 하느님을 찾은 것입니다.

그렇다면 마더 데레사 성녀는 기도에 대해 어떻게 이야기했을까요?

"저는 저만큼 하느님이 절실히 필요한 사람은 없다고 생각합니다. 저는 제 자신이 약하고 쓸모없게 느껴지기 때문입니다. 제 자신을 신뢰할 수 없기 때문에 저는 하루 24시간 내내 하느님을 믿고 의지합니다. 그 방법은 간단합니다. 저는 기도합니다. 저는 기도하는 것을 좋아하고, 늘 기도하고 싶습니다. 기도는 하느님을 받아들일 수 있도록 우리 마음을 넓혀 주는 하느님의 선물입니다. 우리는 제대로 기도할 수 있기를 간절히 바라지만 그런 바람은 수포로 돌아가기 일쑤입니다. 기도를 더 잘하고 싶다면 더 많이 기도하세요. 사랑할 수 있기를 바란다면 기도해야 합니다."

마더 데레사 성녀를 잘 아는 사람들은 그녀가 했던 일의 종류는 많지 않았다고 증언합니다. 미소 띤 얼굴로 사람들을 대하거나, 죽어 가는 환자를 돌보고, 타자기로 편지를 쓰는 것이 그녀의 주요 업무였다고 말이지요. 그러나 마더 데레사 성녀는 꼭 필요한 업무 이외의 모든 시간 동안 기도를 드렸습니다. 그분의 손에서는 묵주알이 끊임없이 굴러가고 있었다고 합니다. 그분은 하루 종일 하느님과 함께하고자 진정으로 노력했고, 하느님을 전적으로 믿었습니다. 때때로 어려운 사람들을 도와야 할 일을 앞두고 당장 동전 한 닢이 없을 때도 있었

> 당신이 할 수 있는 일은 하고, 당신이 할 수 없는 일은 기도로 청하십시오. 그러면 당신이 그 일을 할 수 있도록 하느님이 도우실 것입니다.
> **아우구스티노 성인**

→ 루카 11,9-13

다고 합니다. 그러나 그분은 기도했고 하느님이 돌보시리라는 것을 믿어 의심치 않았습니다. 하느님은 실제로 마더 데레사 성녀의 일을 돌보셨습니다. 그리하여 그분은 기적 같은 일을 수도 없이 경험했다고 합니다. 예를 들면 지구 반대편에 있는 나라에서 전혀 예상하지 못한 수표가 도착했는데, 수표에는 당장 필요한 돈의 액수가 정확히 적혀 있었다고 합니다.

《YOUCAT》에 실린 베네딕토 16세 교황님의 강론에서 볼 수 있듯이, 교황님도 젊은이들을 기도로 초대합니다.

"주님은 진정으로 여러분이 행복하기만을 바라십니다. 그러므로 저는 여러분이 매일같이 주님을 찾기를 바랍니다. 기도 안에서 그분과 굳건하고 지속적인 관계를 유지하십시오. 그리고 가능한 한 하루 중에 홀로 그분과 친교를 나눌 수 있는 시간을 마련하십시오. 어떻게 기도해야 할지 모른다면 기도하는 법을 가르쳐 달라고 그분께 청하고, 여러분과 함께 여러분을 위해서 기도해 달라고 하늘에 계신 그분의 어머니께 청하십시오."

8.3 진정으로 기도하기를 원하는 이들을 위해

《YOUCAT 청소년 기도서 YOUCAT Jugendgebetsbuch》에는 '작은

기도 학교'가 나옵니다. 하느님과 살아 있는 관계 속에 살기를 진정으로 바라는 모든 사람들에게 매우 유용한 내용이지요. 20세기 독일의 극작가이자 시인인 베르톨트 브레히트는 "진리는 구체적이다."라고 말했습니다. 하느님을 진정으로 찾는 사람만이 구체적인 실행 계획을 세울 수 있습니다. 여러분도 구체적으로 결심한 계획을 적어 본다면 기도하는 데 도움이 될 것입니다. '작은 기도 학교'의 내용은 다음과 같습니다.

결심하기 1

하느님은 우리가 자유로운 사람이길 바라시고, 우리를 그러한 사람으로 만드셨습니다. 여러분이 기도하는 사람이 되길 바라고, 하느님과 가까워지길 바란다면 하느님의 바람대로 살겠다고 결심하세요. 더 자세하게는 언제 기도할 것인지도 결심하십시오. 저녁 기도를 하겠다는 결심은 그날 아침에, 내일 아침 기도를 하겠다는 결심은 전날 저녁에 미리 하십시오.

→ 499
우리는 언제 기도해야 하나요?

가볍게 시작하기 2

많은 이들이 열심히 하겠다고 굳게 결심하고 기도를 시작하지만 얼마 못 가 결심이 흔들리고, 마침내는 기도를 그만두기도 합니다. 심지어 더 이상 기도할 수 없겠다고 생각하기도 하지요. 따라서 기도를 처음 시작할 때에는 일정한 시간 동안 짧게 하는 것이 좋습니다. 기도 시간을 충실히 지켜 나가면 기도에 대한 열

→ 510
기도는 언제라도 할 수 있나요?

망도 커지고, 여러분의 기도가 자신과 시간과 상황에 맞게 성장할 것입니다.

기도 시간을 마련하기

기도는 자신에 대한 하느님의 시선을 의식하는 것입니다. 그래서 그분께 특별히 뵙기를 청할 필요가 없지만, 따로 시간을 내지 않는다면 의식하기 어렵습니다. 따라서 기도 시간에 관한 세 가지 조언이 기도하는 데 도움이 될 것입니다. 첫째, 일정한 시간에 기도하십시오. 이는 기도 습관을 갖는 데 도움이 될 것입니다. 둘째, 고요한 시간에 기도하십시오. 이른 아침이나 하루 일과를 마친 저녁이 이에 해당합니다. 셋째, 집중력이 떨어지지 않는 시간을 택해 기도하십시오.

기도 장소를 마련하기

기도 장소도 기도에 영향을 끼칩니다. 따라서 자신에게 가장 잘 맞는 기도 장소를 찾아야 합니다. 어떤 이들에게는 잠자리나 책상 앞이 좋은 장소가 되고, 또 어떤 이들에게는 등받이 없는 의자나 장궤틀이 있는 의자, 이콘, 십자가, 성화, 초, 성경 등이 마련된 특정한 장소가 기도하기에 좋은 장소가 됩니다.

기도 순서를 의식으로 만들기

기도할 때, 기도 순서를 정해서 여러분의 기도를 하나의 의식儀式으로 만드는 것이 좋습니다. 그렇게 만든 의식은 여러분을 속박하기보다는 여러분에게 도움을 줄 것입니다. 매일 자신의 기도 의식에 따라 기도한다면, 오늘 기도를 하고 싶은지, 한다면 어떤 기도를 하고 싶은지를 매일 고민하지 않아도 됩니다. 기도하기 전에는 하느님 앞에 서 있음을 의식하고, 기도를 마친 후에는 잠시 하느님께 감사드리고 그분의 축복을 청하는 시간을 갖도록 하세요.

몸과 마음을 다해 기도하기 6

기도는 생각이나 말을 통해서만 하는 것이 아닙니다. 기도할 때 우리는 우리의 몸이나 내적 인식, 기억, 의지, 사고, 느낌, 지난밤의 꿈 등 우리의 모든 것을 하느님과 결합할 수 있습니다. 때로는 일상의 소소한 일들을 통해서도 우리의 마음을 사로잡고 움직이는 것이 진정 무엇인지, 우리가 하느님께 무엇을 맡겨야 하는지에 관한 중요한 사실을 깨달을 수 있습니다. 기도하는 동안 해야 할 일이 마음에 떠오르고 그것을 잊고 싶지 않다면, 잠시 기도를 멈추고 그 일을 기록한 후에 계속 기도해도 좋습니다.

여러 가지 방법으로 기도하기 7

기도할 때에는 시간이나 자신의 심리 상태, 다양한 상황에 맞게 기도할 수 있도록 여러 가지 기도 방법을 찾아 연습하는 것이 좋습니다. 예를 들면 다른 사람이 바쳤던 기도를 찾아보기, 자신의 소원을 담은 개인적인 기도 만들기, 그날의 독서나 복음 등 성경의 한 구절을 이용해 기도하기, 숨 쉴 때마다 예수님의 이름

→ 491
성경에서 기도하는 법을 배울 수 있나요?

을 간단하게 반복하는 '예수 기도'를 드리기, 침묵 가운데 하느님의 말씀을 듣고 그 뜻을 새기며 마음으로 '묵상 기도'를 바치기 등 다양한 방법이 있습니다.

자투리 시간을 이용하기 8

→ 498
우리는 어디에서나 기도할 수 있나요?

우리는 생활에서 때때로 생기는 자투리 시간을 화살기도나 청원 기도, 짧은 감사나 찬미 기도 등을 바치는 데 활용할 수 있습니다. 예를 들면 대중교통을 이용하기 위해 기다리는 시간이나 대중교통으로 이동하는 시간에 기도할 수 있고, 집으로 가는 길에 집 근처에 있는 성당에 들러 기도할 수도 있습니다. 자투리 시간에도 기도함으로써 하느님과 끊임없이 하나 되는 기회로 삼으십시오.

하느님이 말씀하실 기회를 드리기

기도는 또한 하느님의 말씀을 듣는 것을 의미합니다. 하느님은 교회가 매일 읽는 성경 말씀을 통해 가장 분명하게 말씀하시며, 성인들을 통해서도 말씀하십니다. 하느님은 때때로 우리 양심의 소리나 감정을 통해서도 말씀하십니다. 성경 말씀은 우리 마음에 있는 하느님의 말씀에 목소리를 실어, 그분의 말씀을 우리가 들을 수 있게 해 줍니다. 기도할 때에는 하느님이 말씀하실 기회를 드리십시오. 하느님의 목소리를 다른 수많은 목소리와 구분하고, 그분의 뜻을 알아들을 수 있도록 그분과 가깝게 지내십시오.

지상 교회와 천상 교회가 함께 기도하기

혼자 기도하든 여럿이 기도하든, 기도하는 사람은 거대한 기도 공동체 안에 있게 됩니다. 그 공동체는 땅에서 하늘까지 이르며, 이 세상에 살아 있는 이들뿐만 아니라 천사들과 성인들, 하느님 곁에서 살고 있는 이름 모를 이들까지도 모두 포함합니다. 그러므로 혼자 기도하기보다는 가능하면 가족이나 친구들, 이웃들과 함께 기도하는 것이 좋습니다. 그리고 성인들에게 전구를 청하는 것도 좋습니다. 하느님 앞에서 함께 기도를 드린 사람들 사이에서 생긴 연대성은 죽더라도 끊어지지 않기 때문입니다.

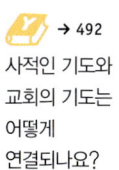

→ 492

사적인 기도와 교회의 기도는 어떻게 연결되나요?

8.4 가장 중요한 두 가지 기도

→ 477
예수님에게 기도하는 법을 배운다는 것은 무엇을 의미하나요?

가장 중요한 두 가지 기도는 '주님의 기도'와 '성모송'입니다. '주님의 기도'는 예수님이 몸소 우리에게 가르쳐 주신 기도이고, '성모송'은 하느님의 천사가 그리스도가 사람이 되심을 예고하며 성모님께 직접 말한 "은총이 가득한 이여, 기뻐하여라."(루카 1,28)로 시작하는 기도입니다. 우리는 평생 동안 매일같이, 이 기도들을 빠뜨리지 말고 바쳐야 합니다.

이 기도들을 바칠 때에는 그저 생각 없이 건성으로 바쳐서는 안 되고, 끊임없이 의미를 되새겨야 합니다. 이 두 기도문의 의미를 묵상하는 데 도움이 되도록 이 기도들을 새로운 말로 옮겨 보았습니다. 그렇다고 해서 새로운 말로 기도를 바치라는 이야기는 아닙니다. 이렇게 옮겨 본 것은 일생 동안 바칠 기도문의 의미를 좀 더 이해할 수 있도록 돕기 위해서입니다. 여러분은 마음을 다해 이 기도문들의 의미를 파악할 수 있어야 합니다.

주님의 기도

→ 511 – 527
제4권 제2부 주님의 기도: 하늘에 계신 우리 아버지

하늘에 계신 우리 아버지

눈으로는 볼 수 없는, 모든 이들의 아버지

아버지의 이름이 거룩히 빛나시며

    저희는 아버지의 위대하심을 찬미하나이다.

아버지의 나라가 오시며

    아버지의 새로운 생명이 어디에서나 드러나게 하시고

아버지의 뜻이 하늘에서와 같이 땅에서도 이루어지소서.

    아버지께서 원하시는 일이 어디에서든지

    눈에 보이는 것이나 보이지 않는 것이나,

    모든 것을 통해 이루어지게 하소서.

오늘 저희에게 일용할 양식을 주시고

    날마다 저희 삶에 필요한 것을 저희에게 주시고

저희에게 잘못한 이를 저희가 용서하오니

    저희에게 잘못한 이들에게

    저희가 새로운 기회를 주겠사오니

저희 죄를 용서하시고

    저희가 저지른 잘못에 따라 저희를 대하지 마시고

    저희에게 새로 시작할 기회를 주시며

저희를 유혹에 빠지지 않게 하시고

    유혹 중에 저희를 홀로 내버려 두지 마시고

악에서 구하소서.
> 악에서 저희를 해방시켜 주소서.

[아버지께 나라와 권세와 영광이 영원히 있나이다.]
> 아버지께는 모든 것이 그대로의 모습대로 존재하며,
> 모든 일이 가능하고, 아버지의 기쁨은 영원하나이다.

아멘.
> 네, 틀림없이 그러하나이다.

→ 486
그리스도인의 기도 자세에는 어떤 의미가 있나요?

성모송

→ 480
'성모송'은 어떤 내용을 담고 있나요?

은총이 가득하신 마리아님,
> 주님의 어머니,

기뻐하소서.
> 당신께서는 하느님의 은총과 능력으로 가득 차셨나이다.

주님께서 함께 계시니
> 하느님께서 당신과 함께 계시니

여인 중에 복되시며
> 세상의 모든 여인들 가운데 가장 큰 은총을 받으셨으며

태중의 아들 예수님 또한 복되시나이다.
> 당신의 태중에 계신 예수님 또한 축복이시나이다.

천주의 성모 마리아님,
> 사람이 되신 주님의 어머니 마리아님,

이제와 저희 죽을 때에
> 지금 이 순간과 저희가 죽을 때

저희 죄인을 위하여 빌어 주소서.
> 하느님의 기대를 저버린 저희를 위해 빌어 주소서.

아멘.
> 네, 그렇게 되기를 바라나이다.

자유로운 기도로 하느님과 대화하기

   기도는 완성된 소망 목록을 전달하고 하느님이 그것을 이루어 주시기를 기다리는 것이 아니라, 하느님과 대화하는 것입니다. 따라서 기도를 통해 자기 자신을 변화시키려는 마음을 갖기보다 그저 하느님의 마음만 바꾸려고 한다면, 기도를 잘못 이해한 것이라고 할 수 있습니다.

→ 마태 6,19-34

→ 마태 6,9-13;
루카 11,2-4

그리스도교적인 신앙과 생활을 통해서 또한 하느님과의 대화인 기도를 통해서 우리는 세속적인 관점에서 보았던 것과는 다른 우선 순위와 소원을 갖게 됩니다. 그런 까닭에 기도를 가르쳐 달라는 제자들의 요청에 예수님은 '주님의 기도'를 가르쳐 주셨습니다.

그리고 기도의 성취는 언제나 하느님의 재량에 맡겨야 합니다. 수난과 죽음을 눈앞에 두고 바치신 예수님의 기도는 그에 대한 좋은 모범이 됩니다. "아버지, 하실 수만 있으시면 이 잔이 저를 비켜 가게 해 주십시오. 그러나 제가 원하는 대로 하지 마시고 아버지께서 원하시는 대로 하십시오."(마태 26,39)

→ 야고 1,6;
마르 11,24

→ 시편 139,1-7.23

앞에서 이야기한 것들을 바탕으로 이제 우리는 기쁨과 희망에 찬 마음으로 우리의 기도가 성취될 것을 믿어야 합니다. 하느님의 응답이 종종 '소원과 성취'의 모습으로 이루어지지 않고, 우리를 사랑하시며 모든 것을 알고 계시는 하느님의 뜻에 따라 이루어지더라도 말이지요.

또한 우리는 곤경을 겪을 때에만 기도해서는 안 됩니다. 마치 응급 상황에서 의사를 찾듯이 사랑하는 하느님을 위급한 상황에서만 찾는다면 이는 이기적이고 경솔한 태도입니다. 성령을 청하는 기도를 바치고 성령께 조언을 구합시다. 하느님께 청하지 않았더라도 하느님께 감사드립시다. 하느님 앞에서 자신을 되돌아보고 반성하며 하느님께 용서를 청합시다. 미사 때 보편 지향 기도를 바치듯이 우리의 이웃들을 위해 기도합시다.

돌아보면 우리의 능력으로 받은 것이 아니라 하느님께 그저 받은 것들이 참 많습니다. 우리의 재능이나 성품, 부모님과 주변 환경, 우리가 만나는 사람들, 우리의 신앙, 우리가 행복을 느끼는 순간들 등이 그에 해당하지요. 이처럼 우리가 감사하는 마음으로 인생길을 걸으며, 하느님께 늘 감사의 마음을 표현해야 할 이유는 끝이 없습니다.

이처럼 우리는 기도를 통해
- 마치 친구를 대하듯 하느님과 이야기할 수 있습니다.
- 하느님께 우리의 걱정거리들을 말씀드릴 수 있습니다.
- 하느님께 도움과 조언을 청할 수 있습니다.

> 만약 당신이 진정으로 예수님을 따르고 예수님을 위한 당신의 사랑이 커지고 지속되길 원한다면, 열심히 기도하십시오. …… 기도하지 않는다면 당신의 신앙과 사랑은 꺼져 갈 것입니다.
>
> **요한 바오로 2세 성인 교황**

9 교회의 의미를 발견하기
우리의 어머니인 교회

이 세상에는 교회를 끊임없이 비판하는 사람들이 있습니다. 그들은 교회가 만들어진 후, 2천 년의 역사에서 교회가 저질렀던 잘못들을 열거하고 교회의 온갖 추문을 들춰냅니다. 그런데 그들 가운데 대다수는 세례를 받은 교회의 구성원입니다. 저명한 독일의 신학자인 카를 라너는 그들에게 이러한 반론을 제기하기도 했습니다. "교회는 주름이 짜글짜글한 노파입니다. 그런데 그 노파는 나의 어머니입니다. 그리고 어머니를 때리는 사람은 없습니다."

그의 말대로 교회는 우리의 어머니입니다. 교회는 우리에게 새로운 생명을 선물했고, 하느님의 말씀과 성사로 우리를 양육합니다. 교회가 없었다면 우리는 신앙을 갖지 못했을 것이고, 여전히 어둠 속에서 길을 찾아 헤맸을 것이며, 스스로 자기 자신을 구원하려는 헛된 노력을 기울였을 것입니다.

→ 121
'교회'란 무엇인가요?

> 교회는 그리스도의 몸입니다.
> 그리스도를 담은 그릇입니다.
> 그리스도를 낳는 산모입니다.
> 그리스도를 전하는 도구입니다.
> 여기에 그리스도가 계심을 알리는 깃발입니다.
>
> 김수환 추기경

→ 343
교회는 우리가 선하고 책임감 있는 삶을 살도록 어떻게 돕나요?

완전한 이들의 집단이 아닌 교회

교회의 추문들은 참으로 치욕스럽고 화가 날 이야기들입니다. 그러한 교회의 추문들은 우연히 발생한 과오가 아니며, 몇 가지 선행들로 상쇄될 수 있는 것 또한 아닙니다.

→ 347
신앙생활에서 자신의 신앙을 고백한 대로 실천하지 않는 것이 그리스도인에게 심각한 결함이 되는 이유는 무엇인가요?

> 교회는 모두에게 열려 있어야 합니다. 교회의 정체성 가운데 하나는 그 누구도 배척하지 않고 세상 전체를 껴안는 것이기 때문입니다. …… 그가 아무리 큰 죄를 저질렀더라도 그렇습니다. 이것이 바로 성령의 역사하심과 은총입니다.
>
> **프란치스코 교황**

이 책의 저자인 베른하르트 모이저는 자신의 또 다른 저서인 《그리스도교 입문*Christ sein für Einsteiger*》에서 다음과 같이 기술했습니다.

예수님은 일반 서민들뿐만 아니라 위험 인물들과도 어울리셨고, 냉혹한 세리였던 자캐오, 간음하다 들킨 여인, 나중에 예수님을 배반한 유다, 닭이 세 번 울기 전에 예수님을 모른다고 부인했던 베드로와도 눈높이를 같이하셨습니다. 흠 없는 사람만 교회의 구성원이 될 수 있었다면 아마도 교회는 텅 비었을 것입니다. 적어도 저 같은 사람이 교회 안에 자리 잡을 기회는 없었을 테지요. 저는 제가 나쁜 짓을 저지를 수 있다는 것을 잘 알기 때문입니다.

이처럼 교회는 완전한 이들의 집단이 아니라, 아주 평범한 사람들이 예수님의 뜻에 따라 서서히 변화해 가는 공간이라 할 수 있습니다. 언젠가 다른 사람들에게 피해를 줬던 사람, 부정한 짓을 저질렀던 사람 등 시급히 개선해야 할 필요가 있는 사람들이 그에 해당합니다. 다행스럽게도 예수님은 우리에게 다음과 같이 말씀하셨습니다. "건강한 이들에게는 의사가 필요하지 않으나 병든 이들에게는 필요하다. 나는 의인이 아니라 죄인을 부르러 왔다."(마르 2,17)

우리는 누구나 약점을 지니고 있습니다. 어떤 이는 돈을 밝히고, 어떤 이는 쉽게 거짓말을 하며, 어떤 이는 성실하지 못하고, 어떤 이는 쓸데없이 고집을 피우지요. 우리는 자랑스럽게 개선 행렬을 하는 것이 아니라 절뚝거리고 다리를 질질 끌며 나아갑니다. 그러나 우리는 함께 전진합니다. 그것이 교회이고, 저는 그 안에서 행복합니다. 가톨릭 신자들은 종교 재판이나 십자군 전쟁 등 교회의 잘못으로 인해 비난을 받을 때가 종종 있습니다. 그럴 때 우리는 "유감스럽지만 사실이야."라고 교회의 잘못을 전적으로 시인해야 합니다.

요한 바오로 2세 성인 교황님은 교회의 역사 안에서 그동안 교회가 저질렀던 커다란 죄들을 고백하고 용서를 청했습니다. 그를 통해 교회는 완전한 이들이 모인 집단이 아니라는 것이 다시 한 번 분명히 드러났습니다. 이는 과거의 역사에서뿐만 아니라 오늘날에도 확인할 수 있는 사실이지요.

그러나 교회에 대한 비난은 신자 개개인의 잘못된 행동에서 비롯된 것이라기보다는 교회에 대한 오해에서 비롯된 경우가 많습니다. 미국 로체스터 교구의 교구장이었던 풀턴 쉰 대주교는 이렇게 말했습니다. "미국에는 로마 가톨릭교회를 증오하는 사람들이 백 명도 되지 않습니다. 그러나 부당하게 가톨릭교회의 탓으로 돌려진 일들을 미워하는 사람들은 수백만 명에 이릅니다."

실제로 많은 이들이 교회에 관해 갖고 있는 관념은 사실과 다르거나 잘못된 경우가 많습니다. 이 책에서는 일반적으로

잘못 생각하고 있는 세 가지 사항을 짚어 보려고 합니다.

첫째, 모든 사람은 죄인이라는 사실입니다. 교회에 속한 이들이라 할지라도 예외일 수 없습니다. 교회 안에서 직무를 수행하거나 명성을 누리는 사람이라고 해도 죄인이라는 사실에서 벗어날 수는 없습니다.

둘째, 교회와 세속은 근본과 기원이 다르지만 신자들 대부분은 그에 관해 제대로 이해하지 못하며, 교회 안에서조차 세속의 사고방식이나 이익을 따를 때가 많습니다.

셋째, 교회를 비난하는 사람도 죄가 없다거

→ 124
교회가 단순한 공공기관이 아닌 이유는 무엇인가요?

나 그릇된 생각을 하지 않는다고 할 수는 없습니다. 이는 교회의 역사와 가르침을 제대로 이해하려는 노력을 통해 교회에 대한 비난과 편견을 분명하게 본다면 알 수 있습니다.

교회의 신비를 이해하고 싶다면

먼저, 아래 그림을 자세히 살펴보세요. 첫눈에 성모님을 그린 성화임을 알 수 있지요? 그런데 신자들은 아주 오랜 옛날부터 성모님을 '교회의 어머니'라고 불렀습니다. 그 이유는 무엇일까요?

성모님은
교회의 어머니요,
원형이십니다.
베네딕토 16세 교황

→ 루카 1,26–38

성모님의 몸은 사람이 되신 하느님의 아드님이 처음 거처하셨던 곳입니다. 더 나아가 성모님께 예수님은 인생의 의미였습니다. 성모님은 예수님을 감싸고 있고, 예수님은 성모님 안에 계셨지요. 교회도 그래야 합니다. 다시 말해 오늘날 교회는 부활하신 예수님이 활동하시는 장소가 되어야 한다는 이야기지요. 천사가 하느님의 말씀을 전했을 때 "말씀하신 대로 저에게 이루어지기를 바랍니다."(루카 1,38)라고 응답하셨던 성모님처럼 교회도 온전한 사랑과 순명의 장소가 되어야 합니다. 하느님은 세상에 현존하시기 위해 거처할 곳을 찾고 계십니다. 하느님은 예수님이 세상에 머물렀던 당시에만 예수님이 거처할 곳을 찾으셨던 것이 아니라, 오늘날에도 우리 곁에서 예수님이 거처할 곳을 찾고 계십니다.

→ 루카 8,19–21

교회의 존재 이유도 오직 예수님께 있습니다. 우리는 오로지 예수님 주위에 머물며 그분이 활동하시도록 해야 합니다. 루카 복음서에는 "내 어머니와 내 형제들은 하느님의 말씀을 듣고 실행하는 이 사람들이다."(루카 8,21)라는 예수님의 말씀이 나옵니다. 베네딕토 16세 교황님은 "교회는 이 세상에 존재하는 하느님의 가족입니다."라고 했습니다.

교회는 먼저, 오늘날 우리 곁에 살아 계신 예수님을 뜻하고, 그다음으로 그분의 가족을 일컫는다고 할 수 있습니다. 다시 말해 교회는 불완전하고 약점을 지닌 죄인이지만, 예수님과 '한 몸'을 이룰 수 있게 된 우리를 가리키는 말이기도 합니다.

그리스도의 몸인 교회

예수님은 우리와 한 몸을 이룰 만큼 우리와 깊은 관계를 맺으셨습니다. 성경의 여러 구절들도 이 사실을 증언하고 있지요. 아우구스티노 성인은 우리가 성체를 영할 때 어떤 일이 일어나는지에 관해 다음과 같은 말씀을 남겼습니다. "그리스도의 몸을 영하십시오. 그를 통해 여러분은 그리스도의 몸이 될 것입니다."

교회 안의 우리는 모두 형제자매입니다. 우리는 한 몸을 이루고 있으며, 서로가 서로의 일부라고 할 수 있지요. 예수님에 대한 믿음이 가족보다 더욱 끈끈한 관계로 서로를 묶어 주기 때문입니다.

→ 126
'교회는 그리스도의 몸'이란 말은 무엇을 뜻하나요?

교회를 '그리스도의 몸'으로 지칭한 가장 중요한 성경 구절은 코린토 신자들에게 보낸 첫째 서간에 나옵니다. 해당하는 구절을 읽고 다

→ 1코린 12,12-31

> 여러분 자신이 그리스도의 몸이요, 교회입니다! 사람들이 얼굴을 찡그릴 때마다 여러분은 여러분이 가진 사랑의 신선한 열정을 교회 안에 들여오십시오!
>
> **베네딕토 16세 교황,《YOUCAT》**

음 질문들의 답을 찾아보세요.

- 🔥 여러분은 그리스도의 몸의 지체로서 어떤 역할을 수행할 수 있습니까?
- 🔥 여러분은 그리스도의 몸의 다른 지체에게 무엇을 받습니까?
- 🔥 여러분이 받은 특별한 은사는 무엇입니까?
- 🔥 그 은사를 통해 여러분의 형제자매에게 어떠한 도움을 줍니까?

9.4 성령이 거처하시는 성전인 교회

 → 128
'교회는 성령이 거처하시는 성전'이란 말은 무엇을 뜻하나요?

 교회를 일컫는 또 하나의 중요한 칭호는 '성령이 거처하시는 성전'입니다. '성전'은 거룩한 공간을 뜻합니다. 하느님은 물론 어디에나 계시지만, 우리가 어디에서 신적인 것을 마주하고 어디에서 인간적인 것을 마주하는지 구별해 내기란 때때로 어려운 일입니다.

 우리는 성경에서 진정으로 우리 가운데 살고 싶어 하시는 하느님의 바람을 확인할 수 있습니다. 이를 위해 우리는 우리 가운데 하느님이 사실 수 있도록 해야 합니다.

 그렇다고 해서 우리가 성전을 직접 지어야 한다는 것은 아닙니다. 그 일에는 많은 이들이 참여하고 있으며, 궁극적으로는 성령이 우리 가운데 오셔서 하느님의 집을 밤낮으로 짓고 계십니다.

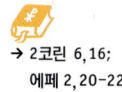
→ 2코린 6,16; 에페 2,20-22

9.5 하느님의 백성인 교회

제2차 바티칸 공의회에서는 성경에서 교회를 가리켰던 아주 오래된 표현을 부활시켰습니다. 바로 "세상의 박해와 하느님의 위안 속에서 나그넷길"(제2차 바티칸 공의회 문헌, 〈교회헌장〉, 제1장 8항)을 묵묵히 걷는 '하느님의 백성'이라는 표현입니다.

→ 125
'하느님의 백성'인 교회가 지닌 유일무이한 특성은 무엇인가요?

'하느님의 백성'은 본래 하느님과 오랜 역사를 같이했던 이스라엘 백성을 가리키는 말이었습니다. 그러나 이제는 민족이나 문화와는 상관없이 예수님을 통해 하느님께 나아가는 길로 부르심을 받은 모든 이들을 일컫는 말이 되었습니다.

이 놀라운 소식을 베드로의 첫째 서간에서 자세히 전하고 있습니다.

→ 1베드 2,7-10

9.6 교회의 두 가지 특성

교회는 지난 2천 년 동안 놀라울 정도로 발

전을 거듭해 왔습니다.

- 때때로 우리는 교회를 성당과 여러 행정 기구, 사회 복지 시설 등을 지닌 거대한 기관으로 보기도 합니다.
- 한편으로는 교회를 자신의 성소聖召에 따라 사는 사람들, 기도하는 사람들, 자신의 삶을 하느님께 온전히 봉헌한 사람들이 존재하는 영성의 실재로 봅니다.

교회의 **영성적** 특성과 **조직적** 특성은 서로 짝을 이룹니다. 조직적 특성이 없었다면 교회는 이 세상에 존속하지 못했을 것입니다. 예를 들면 누군가를 돕기 위해서는 돈이 필요하고, 구성원들이 모이려면 장소가 필요하며, 특정한 직무를 수행할 사람도 교회에 필요하기 때문입니다. 그러나 영성적 특성, 곧 성령을 통한 하느님의 생생한 실재가 교회의 핵심을 이루지 못한다면 교회는 생명이 없는 공허한 기구로 전락하고 말 것입니다. 교회가 어떻게 세워졌는지 자세히 알고 싶다면《YOUCAT》을 찾아 읽어 보세요.

→ 138
'하나이고 거룩하고 보편되며 사도로부터 이어 오는 교회'는 어떻게 구성되어 있나요?

그렇다면 교회가 존재하는 이유는 무엇일까요?

→ 123
교회가 지닌 사명은 무엇인가요?

교회는 자신을 위해 존재하지 않습니다. 만약 교회가 자기 자신만을 돌본다면 하느님은 그런 교회를 전혀 달가워하지 않으실 것입니다. 하느님은 모든 사람을 위해 교회를 세우셨습니다. 따라서 교회는 사람들이 "그리스도 안에서 완전한 일치를 이루게 해야 할"(제2차 바티칸 공의회, 〈교회 헌장〉, 제1장 1항) 직무를 갖고 있습니다.

→ 2티모 4,2

아래와 같이 근본적인 사명 세 가지를 수행할 때 교회는 본질에서 어긋나지 않게 됩니다.

교회는 하느님의 말씀을 선포해야 합니다.

교회는 성사를 베풀고 미사를 거행해야 합니다.

교회는 모든 사람에게 사랑으로 봉사해야 합니다.

자신을 내어 주신 하느님

10 하느님의 놀라운 선물,
성체성사

10.1 신자라면 꼭 해야만 하는 일

신자들 중에는 미사 참례를 게을리하는 이들이 많습니다. 그중에는 "미사는 너무 지루하단 말야."라고 말하는 사람도 있고, "너무 바빠서 미사에 참례할 시간이 없어."라고 핑계를 대는 사람도 있습니다. 특히 청소년 중에는 부모님이 미사에 참례하지 않기 때문에 함께 오지 않는 경우도 많습니다. 하지만 《YOUCAT》에는 이러한 글이 나옵니다.

"열심한 신자에게 '주일 미사에 참례해야 한다'고 말하는 것은 사랑에 빠진 연인에게 '키스를 해야 한다'고 말하는 것처럼 너무나 당연해서 굳이 말할 필요조차 없는 일입니다. 그리스도가 기다리고 계신 곳에 가지 않으면서 그분과 살아 있는 관계를 맺을 수는 없습니다."
(《YOUCAT》, 219항)

→ 219
가톨릭 신자는 얼마나 자주 미사에 참례해야 하나요?

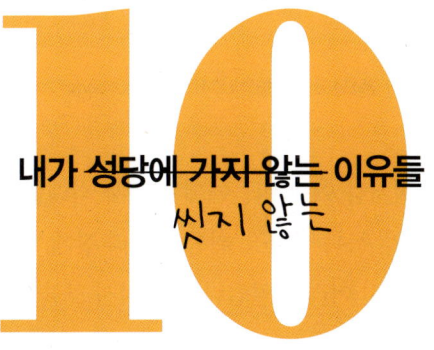

1. 어렸을 때 나는 억지로 씻었다.
2. 자주 씻는 사람들은 자신이 남들보다 더 깨끗하다고 생각하는 위선자에 지나지 않는다.
3. 세상에는 매우 다양한 종류의 비누가 있는데, 그중에서 나에게 맞는 것을 어떻게 고를 수 있다는 걸까?
4. 나라에서는 수도세를 걷기 위해 씻도록 종용하고 있다.
5. 언젠가 한번은 스스로 씻어 보기도 했지만, 씻는 일은 늘 그렇듯이 지루하기 짝이 없었다.
6. 욕실은 늘 썰렁하고 삭막하다.
7. 나는 1년에 두 번, 예수 부활 대축일과 예수 성탄 대축일 때만큼은 빼놓지 않고 씻는다. 그 정도면 충분하지 않을까?
8. 내 주변에 꼭 씻어야 한다고 생각하는 친구는 한 명도 없다.
9. 어쨌든 지금은 정말 시간이 없어서 못 씻는다.
10. 어차피 나이가 들면 씻게 되지 않을까?

→ 345
교회가 정한 다섯 가지 법규는 무엇인가요?

《YOUCAT 청소년 달력 2013 YOUCAT Jugendkalender 2013》 중에서

이처럼 어떤 이들에게는 미사 참례를 '해야 할 일' 목록의 가장 위쪽에 자리 잡게 하는 것이 몹시 어려운 일입니다. 따라서 그들이 스스

로 미사의 의미와 중요성을 깨닫게 하는 것이 중요합니다.

하느님은 미사를 통해 세상에서 가장 큰 선물을 우리에게 주십니다. 바로 우리에게 당신 자신을 선물하시는 것이지요.

그런데 우리는 생활에서 선물을 주고받을 때 어려움을 겪는 경우가 많습니다. 어떤 이들은 거의 강탈하듯이 선물을 요구합니다. 그런가 하면 어떤 이들은 처분하고 싶었던 물건에 리본을 달아 선물하거나, 상대방의 취향을 고려하지 않고 자신이 좋아하는 물건을 선물하기도 합니다. 그로 인해 상대방은 자신에게 불필요한 물건만 하나 더 늘게 되지요. 그런 까닭에 선물을 아예 거절하는 사람들도 있습니다. 그들은 이렇게 말합니다. "차라리 내가 직접 사는 게 낫지. 나한테 필요한 게 무엇인지 내가 더 잘 아니까. 그리고 선물받는 것도 부담스러워. 괜히 빚진 마음만 들거든."

그럼 한번 모든 것을 돈을 주고 구입해야 하고, 구입한 것만 소유할 수 있는 세상을 상상해 보세요. 그런 세상에서 산다면 어떨까요? 어느 누구도 여러분에게 선물하지 않고, 여러분도 누군가를 위해 마음이 담긴 선물을 마련하지 않아도 된다면 과연 행복할까요?

> 제가 소유한 모든 것은 당신이 저에게 주신 선물입니다.
>
> **이냐시오 데 로욜라 성인**

그렇게 된다면 여러분은 다른 사람에게 감사의 마음을 표현하는 방법이나 "고맙습니다."라고 말하는 것을 잊게 되겠지요. 하지만 그런 세상은 끔찍할 것입니다. 서로를 차갑고 비인간적으로 대하게 될 것이고, 하느님도 부정하기 쉬울 테니까요.

→ 1코린 4,7

하느님은 선물을 주시기만 하는 분입니다. 그분은 자유로운 마음과 사랑으로 이 세상을 창조하셨고, 우리에게 생명을 선물하셨습니다. 또한 그분은 매일매일 당신의 친밀함을 우리에게 나타내십니다. 우리는 그분의 선물과 축복으로 살아가기 때문에 하느님의 선물을 더 이상 받지 못한다면 우리는 버티지 못할 것입니다. 사람들은 이 사실을 오래전부터 알고 있었습니다.

10.2 좋은 관계를 유지하는 방법

인류의 긴 역사 동안, 기근으로 수확이 줄어든 상태가 지속되면, 전쟁의 위험도 높아지고, 전염병도 쉽게 유행했습니다. 그래서 예로부터 거의 모든 민족은 저마다 특정 신에게 제물을 바쳤습니다. 그들은 '우리보다 힘센 존재와 좋은 관계를 유지하는 것이 좋겠지.'라는 생각으로, 곡식의 첫 수확이나 가축의 새끼 등을 신에게 제물로 바쳤습니다.

심지어 멕시코의 고원 지역에 살던 아즈텍족을 비롯한 일부 부족들은 태양신을 위해 사람을 제물로 바치기도 했습니다. 그들은 거대한 붉은 태양이 산 뒤로 넘어가는 것을 보며 인간의 피로 태양신을 달래지 않으면 태양이 다시 떠오르지 않을지도 모른다고 생각했습니다.

이처럼 제물은 생명을 보존하고 축복을 내리는 신에 대한 감사의 표시이기도 했지만, 신을 잔인한 존재라고 상상하여 신의 비위를 맞추려는 필사적인 시도이기도 했습니다.

> 하느님은 여러분이 바치는 제물보다 여러분 자체를 얻고자 하십니다.
> **아우구스티노 성인**

10.3 선물의 달인이신 하느님

하느님은 보답을 바라며 선물해 주시는 분이 아닙니다. 하느님이 우리에게 받고 싶어 하시는 것은 오직 한 가지입니다. 바로 우리가 당신께 감사하는 마음을 갖는 것입니다.

→ 시편 51,19

하느님은 세상에서 가장 사심 없이 또한 가장 풍족하게 선물하시는 분입니다. 이에 대해 아우구스티노 성인은 "하느님은 하느님 자신보다 적게 주시는 법이 없으십니다."라고 말했습

니다. 하느님이 우리에게 주신 가장 큰 선물은 예수님입니다. 예수님이 당신 자신을 우리에게 내주심으로써 우리도 사랑으로 우리 자신을 그분께 바치고, 거룩한 영성체를 통해 그분과 하나가 됩니다. 이 성사가 바로 '성체성사'입니다.

《YOUCAT》에는 성체성사에 대해 다음과 같이 간략하게 설명합니다. "성체성사(Eucharist, '감사 인사'를 뜻하는 그리스어 '에우카리스티아 εὐχαριστία'에서 유래)는 본래 초대 교회의 미사에서 빵과 포도주가 그리스도의 몸과 피로 바뀌는 성변화聖變化에 앞서 바쳤던 '감사 기도'를 뜻했습니다. 나중에 이 단어는 미사 전체를 가리키는 말이 되었습니다."(《YOUCAT》, 208항)

그러므로 성체성사를 거행한다는 것은 피조물인 우리가 하느님께 깊은 감사를 드리는 것을 뜻합니다. 여러분은 미사 때마다 신부님이 "거룩하신 아버지, 사랑하시는 성자 예수 그리

→ 208
성체성사란 무엇인가요?

"
모든 것에 대해 하느님께 감사드립시다. 모든 선은 그분에게서 나오기 때문입니다.

아시시의 프란치스코 성인

스도를 통하여 언제나 어디서나 아버지께 감사함이 참으로 마땅하고 옳은 일이며……."라고 기도하는 것을 들어 봤을 것입니다.

이때 유일무이하고 깊은 감사가 지상에서 하느님께 올라갑니다. 그리고 그 중심에는 당신의 목숨을 우리에게 선물하시고, 구원받은 피조물을 다시 하느님께 되돌리신 예수님이 계십니다.

예수님이 우리에게 주신 가장 큰 선물

성체성사에 관한 이야기는 예수님이 예루살렘에서 파스카 축제를 지내기 위해 제자들과 함께 길을 떠나신 것에서 시작합니다. 그것은 이례적인 일이 아니었습니다. 그 시기에 모든 유대인들은 형편이 허락하는 한 예루살렘으로 갔기 때문입니다. 이스라엘이 이집트의 종살이에서 해방된 것을 기념하는 파스카 축제와 파스카 만찬을 위해서였지요.

→ 탈출 12,1-14

하느님은 이스라엘 백성을 이집트에서 해방시켜 주기 위해 이집트에 재앙들을 내리셨습니다. 파스카 축제의 유래가 된 그날 밤, 하느님은 모세와 아론을 통해 미리 명령하셨고, 이스라엘 백성은 그 명령에 따라 한 살 된 흠 없는 어린양을 잡아 그 피를 문설주에 발랐습니다. 죽음의 천사가 피를 바른 표시를 보고, 그 집은 그냥 지나쳐 가도록 말이지요. 그리하여 재앙을 피하게 된 이스라엘 백성은 이날을 파스카 축제로 기념해 오고 있습니다.

예수님 시대에는 파스카 만찬을 성대하게 거행하는 방식에 관한 자세한 규정들이 있었습니다. 가족의 가장이나 씨족의 우두머리는 그 만찬에서 중요한 역할을 수행했습니다. 규정에 따라 이 역할을 수행하시는 예수님의 모습을 상상해 보세요.

- 먼저, 예수님은 땅에서 소출을 거두게 해 주신 하느님께 감사 기도를 올렸을 것입니다.
- 그런 다음, 포도주가 담긴 잔을 축복하시고 포도를 거두게 해 주신 하느님께 감사를 드렸겠지요.
- 이어서 예수님은 한 살 된 흠 없는 어린양

을 제물로 바쳐야 했을 것입니다.
- 어린양은 정해진 시간에 정확히 도살해야 했고요.
- 도살 시간은 금요일 오후 세 시였겠지요.
- 도살은 예루살렘 성전에서 이루어졌을 것입니다.

 이제 루카 복음사가가 전하는 이야기를 읽어 볼까요? 이 이야기는 파스카 축제 전날 저녁에 예수님이 예루살렘에서 제자들과 함께 거행했던 파스카 만찬에 관한 것입니다.

→ 루카 22,14-20

 파스카 만찬에 관한 규정과 루카 복음사가의 기록을 비교해 보면, 규정에 어긋난 예수님의 행동 다섯 가지를 발견할 수 있습니다. 규정과 다른 예수님의 행동에는 어떤 것이 있을까요?

→ 99
최후의 만찬에서는 어떤 일이 벌어졌나요?

10.5 파스카 만찬 규정에 어긋난 예수님의 행동

 물론 예수님은 실수하신 것이 아닙니다. 그런데 파스카 만찬 규정에 어긋난 예수님의 행동을 살펴보면, 예수님이 최후의 만찬과 당신의 죽음을 통해 우리에게 마련하신 선물이 무엇인지 짐작할 수 있습니다.

→ 209
그리스도는 언제 성체성사를 제정하셨나요?

- 첫 번째로 시간이 달랐습니다. **예수님은 다른 유대인들보다 정확히 하루 먼저 파스카 만찬을 거행하셨습니다.** 그것은 섣달 그믐날에 새해를 맞이한 격이었지요. 그렇다면 예수님이 오늘날 우리가 '성목요일'로 부르는 날에 파스카 만찬을 거행하신 이유는 무엇일까요? 예수님은 우리를 위해 준비하신 다른 계획이 있었기 때문입니다. 그분은 금요일 오후 세 시경에 예루살렘 성 밖의 십자가 위에서 피를 흘리며 돌아가셨습니다. 같은 시각에 예루살렘 성전에서도 수천 마리의 어린양이 제물로 바쳐져 피바다를 이루었습니다. 그로써 예수님은 자신이 '하늘과 땅을 화해시키는 유일한 제물'임을 밝히신 것이지요.

- 두 번째 차이점은 **예수님이 빵과 포도주로 파스카 만찬을 거행하셨다는 것입니다.** 예수님의 파스카 만찬에는 어린양이 없습니다. 하지만 그 당시에는 어린양이 없이는 파스카 만찬도 거행할 수 없었습니다. 예수님 자신이 어린양이 되시면 몰라도 말이지요. 요한 세례자도 예수님을 처음 뵈었을 때 "보라, 세상의 죄를 없애시는 하느님의 어린양이시다."(요한 1,29)라고 하지 않았나요? 그리고 유대인이라면 누구나 이

사야 예언자가 말한 이러한 예언을 알고 있었습니다. "학대받고 천대받았지만 그는 자기 입을 열지 않았다. 도살장에 끌려가는 어린양처럼 털 깎는 사람 앞에 잠자코 서 있는 어미 양처럼 그는 자기 입을 열지 않았다."(이사 53,7)

🔥 세 번째 차이점은 **예수님이 빵과 포도주를 두고 하신 말씀에 있습니다.** 예수님은 빵을 들고 "이는 내 몸이다."(마태 26,26; 마르 14,22; 루카 22,19)라고 말씀하셨고, 포도주를 들고는 "이는 내 피다."(마태 26,28; 마르 14,24; 루카 22,20 참조)라고 말씀하셨습니다. 그때 이후로 이 말씀을 통해 미사 때마다 성변화가 이루어지고 있습니다. 이는 전적인 변화, 곧 죄로 인해 죽을 운명을 지녔던 존재에서 더 이상 죽지 않는 존재가 된 우리 인간의 변화를 비롯한 모든 피조물의 변화를 의미합니다.

→ 210
그리스도는 어떤 방식으로 성체성사를 제정하셨나요?

> 그리스도의 몸과 피가 함께하는 미사에 참여한다는 것은, 우리가 받아 모신 그리스도의 몸과 피로 변화되기를 원한다는 의미입니다.
>
> **레오 1세 성인 교황**

그런데 그런 변화가 어째서 빵과 포도주에서 비롯되는 것일까요? 예수님은 우리가 그것을 먹음으로써 죽지 않고 살아남을 수 있는 '영원한 생명의 빵' 곧 '새로운 만나'가 되기를 원하셨기 때문입니다. 또한 예수님은 "나는 포도나무요 너희는 가지다. 내 안에 머무르고 나도 그 안에 머무르는 사람은 많은 열매를 맺는다. 너희는 나 없이 아무것도 하지 못한다."(요한 15,5)라고 말씀하셨습니다. 우리는 그분의 피가 우리 안에 힘차게 흐르도록 해야 합니다. 이에 대해 베네딕토 16세 교황님은 이렇게 말씀하셨습니다. "우리 자신이 그리스도의 몸이 되고 그분의 혈족이 되어야 합니다."

- 네 번째 차이점은 **예수님이 빵을 쪼개는 행위 등을 자신과 연관 지으셨다는 것입니다.** 만찬에 함께한 모든 이들에게 나눠 주기 위해 빵을 쪼개야 했듯이, 예수님의 몸도 우리에게 오시기 위해 쪼개지게 될 것이란 이야기지요. 예수님은 마지막 피 한 방울까지도 우리를 위해 흘리시고 제물로 바치려고 하셨습니다. 요한 복음서에 따르면 예수님은 "친구들을 위하여 목숨을 내놓는 것보다 더 큰 사랑은 없다."(요한 15,13)라고 말씀하셨습니다.

- 다섯 번째 차이점은 예수님이 "나를 기억하여

이를 행하여라."(루카 22,19)라고 말씀하심으로써 **파스카 만찬의 의미를 새롭게 해석하셨다는 것입니다.** 유대인들의 파스카 만찬은 자신들을 이집트에서 해방시켜 주신 하느님을 기억하는 성스러운 의식이었습니다. 따라서 예수님의 행동은 유대인들의 관념상 사형에 처할 정도의 큰 죄인이 되는 것, 즉 하느님의 자리를 차지하려는 것으로 해석되기도 했습니다. 혹은 자신이 하느님의 아들로서 이집트 탈출보다 더 큰 해방을 가져오리라는 예언, 다시 말해 당신의 죽음을 통해 우리 모두에게 생명을 선사할 것이라는 예언으로 해석되기도 했습니다.

이처럼 파스카 만찬에서 유래한 미사는, 예수님이 우리에게 자신을 늘 새롭게 내어 주시는 것을 나타내고, 또 그것이 실제로 이루어지는 예식입니다.

> 성찬례는 하늘과 땅을 결합시킵니다. …… 하느님의 아드님께서는, 단 한 번의 숭고한 찬양 행위로, 모든 피조물을 무에서 창조하신 분께 되돌려 드리고자 사람이 되셨습니다. …… 이는 참으로 성체성사 안에서 성취되는 신앙의 신비입니다. 창조주 하느님의 손에서 비롯된 세상이 이제 그리스도께 구원을 받아 하느님께 되돌려집니다.
>
> **요한 바오로 2세 성인 교황**

성체성사에서 받는 은총

우리는 미사 때마다 성체를 모시면서 하느님의 은총을 선물로 받습니다.

한 신부님이 청소년들에게서 성체성사를

→ 217
미사를 거행할 때 교회에는 어떤 일이 일어나나요?

> 성체성사를 중심으로 삶을 엮어 가십시오. 빛이신 그분에게 눈길을 돌리고, 여러분의 마음을 그분의 마음과 아주 가깝게 두십시오. 그분을 알아볼 수 있는 은총, 그분을 사랑하는 마음, 그분을 섬기는 용기를 그분에게 청하십시오. 그분을 애타게 찾으십시오.
>
> 마더 데레사 성녀

아주 쉽게 설명해 달라는 요청을 받았습니다. "그래, 쉽게 설명해 줄게." 신부님은 설명을 시작했습니다.

"성체성사는 부부 사이와 비슷하단다. 부부는 서로의 고통을 함께 나누는 특별한 관계라고 할 수 있지. 부부가 서로를 위해 함께 견뎌내는 고통은 그들이 깊이 하나가 되도록 만든단다. 이와 같은 일이 성체성사에서도 일어난다고 할 수 있지. 성체성사 때 예수님은 나에게 '내 몸을 너에게 줄게. 그건 내 목숨이란다. 그리고 내 고통도 너에게 선물하마.'라고 말씀하시지. 그러면 나도 예수님께 '저도 예수님께 제 목숨과 고통을 선물할게요.'라고 말씀드린단다."

이를 듣던 청소년들의 표정이 심각해지자, 신부님은 살짝 미소를 지으며 덧붙이셨습니다. "나는 매일 그런 생각을 하며 미사를 봉헌한단다."

→ 요한 6, 22-59

예수님은 "나는 하늘에서 내려온 살아 있는 빵이다. 누구든지 이 빵을 먹으면 영원히 살 것이다. 내가 줄 빵은 세상에 생명을 주는 나의 살이다."(요한 6,51)라고 말씀하심으로써 성체성사를 '영원한 생명'과 연결 지으셨습니다.

또한 "나도 마지막 날에 그를 다시 살릴 것이다."(요한 6,54)라고 말씀하심으로써 성체성사를 마지막 날에 있을 부활과 연결 지으셨지요. 우리는 영성체를 통해 예수 그리스도와 내적으로 결합됩니다. "내 살을 먹고 내 피를 마시는 사람은 내 안에 머무르고, 나도 그 사람 안에 머무른다."(요한 6,56)

빵과 포도주가 그리스도의 몸과 피로 바뀌는 순간 본질적인 변화가 일어납니다. 하느님의 아드님은 인간의 역사 안에서 활동하시기 위해 인간의 본성을 받아들이셨습니다. 자연적인 관계에 있던 빵과 포도주는 하느님과 인간 사이의 초자연적인 결합을 위한 새로운 수단이 되었습니다. 예수 그리스도 안에서 역사적으로 일어났던 구원이 빵과 포도주를 통해 우리에게 전달되는 것이지요.

그러나 우리는 그 양식을 그저 구원의 수단으로 받아들이기만 해서는 안 됩니다. 주님의 부활을 기념하는 주일마다 영성체를 통해 그분 몸의 지체가 되어야 합니다. 이로써 우리는 새로워지고, 하느님의 사랑 안에 받아들여집니다.

우리는 이러한 자연적이며 초자연적인 행위에, 하늘과 땅 사이의 결합에, 인간과 하느

> 성체를 영하는 사람은 물방울이 대양에 흡수되듯 하느님 안에 흡수됩니다. 그 둘은 더 이상 분리될 수 없습니다. 만약 영성체 후에 누군가가 우리에게 "여러분이 집에 갖고 가는 것은 무엇입니까?"라고 묻는다면 "하늘나라를 집에 갖고 갑니다."라고 대답할 수 있을 것입니다.
> **요한 마리아 비안네 성인**

→ 208-223
제2권, 제1장 입문성사: 성체성사

님 사이의 화해에 초대되었습니다. 우리가 거행하는 성체성사는 하늘나라의 혼인 잔치와 어린양의 식사를 미리 맛보는 것이라 할 수 있습니다. 성체성사에 관한 더 자세한 내용은 《YOUCAT》에서 확인할 수 있습니다.

10.7 미사를 드리는 기쁨

요하네스 프라세크 복자는 독일 뤼베크 시에 있는 성당의 보좌 신부님이었습니다. 신부님은 '국가 반역에 해당하는 적군 보호'라는 죄목으로 나치에게 처형당했고, 이후 2011년 복자품에 올랐습니다.

신부님은 수개월의 수감 생활 동안 미사를 드릴 수 없는 것을 가장 아쉬워했습니다. 이를 안타깝게 여긴 어떤 용감한 신자가 식료품과 함께 제병 몇 개와 약간의 포도주를 감옥에 있는 프라세크 신부님에게 몰래 전해 주었습니다. 신부님은 몹시 기뻐하며 이렇게 편지를 써 보냈습니다.

"음식뿐만 아니라 무엇보다 제병과 포도주를 구해 주셔서 정말 감사합니다. 너무도 기쁜 나머지 마치 어린아이처럼 흐느껴 울었습니다. 지금 저는 매일 아침 이곳에서 미사를 봉

> 주님은 여러분이 세례를 받던 그날 여러분의 마음에 들어오셨고, 견진을 받던 그날 여러분에게 성령을 내려 주셨습니다. 또한 성체 안에 현존해 계시면서 끊임없이 여러분에게 힘을 주시어 여러분이 세상 앞에 주님을 증언할 수 있게 해 주십니다.
> **프란치스코 교황**

헌하고 있습니다. 아마 카타콤에서도 이보다 더 소박하게 미사를 드리지는 않았을 것입니다. 저는 작은 소금 종지를 성작으로 쓰고 있고, 손수건을 성작 수건으로 사용하고 있습니다. 포도주 몇 방울과 작게 조각 낸 제병만으로도 미사를 몇 번이나 드릴 수 있다니 얼마나 기쁜지 모릅니다. 그것들을 구해 주셔서 정말 감사합니다."

요하네스 프라세크 복자는 죽음을 맞았지만, 그분에게는 죽음과 두려움에 맞설 수단, 곧 '생명의 빵'이신 예수님이 계셨습니다.

> 주님은 우리에게 위대한 행위가 아니라 그저 헌신과 감사만을 원하십니다. 그분은 우리의 업적이 아니라 오로지 우리의 사랑만을 필요로 하십니다.
>
> **아기 예수의 데레사 성녀**

하느님과 더 가까워지는 방법

11 **내 삶을 업데이트해 주는
화해의 성사!**

11.1 삶과 신앙을 업데이트하기

여러분은 컴퓨터의 프로그램들을 오랫동안 업데이트하지 않을 경우 어떤 일이 벌어지는지 잘 알고 있을 것입니다. 어느 순간 컴퓨터의 속도가 느려지거나 보안 시스템에 구멍이 나서 바이러스와 악성 코드로 인한 문제가 생길 수 있지요. 심지어 컴퓨터에 저장된 모든 자료를 잃어버리게 될 수도 있습니다.

이를 우리의 신앙생활에 비추어 생각해 본다면, "나는 죄의 용서를 받을 필요가 없어."라는 말은 "나는 프로그램을 업데이트할 필요가 없어."라는 말처럼 어리석은 말입니다.

하느님은 우리를 훌륭한 컴퓨터 프로그램처럼 만드셨다고 할 수 있습니다. 그런데 컴퓨터 프로그램은 정기적으로 업데이트를 해야 하지요. 그렇지 않으면 아무리 훌륭한 프로그램이라 할지라도 어느 순간 작동을 멈추고 말 것입니다. '화해의 성사'라고도 불리는 **고해성사**는 너그러우신 하느님이 우리에게 베풀어 주시는 업데이트의 기회입니다.

그러나 우리 주위에는 이렇게 말하는 사람들이 많습니다. "나는 죄를 범하지 않았으니까 고해성사를 보러 가지 않을 거야." 그러나 교

→ 224
그리스도가 우리에게 고해성사와 병자성사를 선사하신 이유는 무엇인가요?

→ 225
고해성사를 일컫는 이름으로는 어떤 것이 있나요?

> → 235
죄가 크지 않은 경우에도 고해성사를 봐야 하나요?

회는 첫영성체를 한 사람이라면 누구나 적어도 1년에 한 번(한국 교회에서는 1년에 두 번)은 고해성사를 봐야 한다고 가르칩니다. 교회가 이렇게 가르치는 것은 우리가 고해성사를 자연스럽게 익히도록 하기 위해서입니다. 만약 몇 년 동안 고해성사를 본 적이 없다면 다시 성사를 보러 가기가 무척 어려워집니다. 고해성사의 분위기가 낯설게 느껴져 고해성사를 보고 싶지 않다는 생각이 굴뚝같아질 것입니다.

우리는 하느님 곁에 머물도록 스스로 훈련해야 합니다. 물론 우리 중에는 자신에게 아무런 죄가 없다고 생각하는 사람도 있을 것입니다. 그러나 그것은 잘못된 생각입니다. "만일 우리가 죄 없다고 말한다면, 우리는 자신을 속이는 것이고 우리 안에 진리가 없는 것입니다."(1요한 1,8) 작은 죄들이 쌓이는 것 또한 우리를 갈수록 진리에서 멀어지게 하고 급기야 하느님에게서 떨어져 나가게 할 수 있습니다.

11.2 우리를 망가뜨리는 것

죄는 우리를 망가뜨립니다. 물론 악한 일을 행하는 것은 죄가 되지만, 선한 일을 행하지 않는 것도 죄가 된다고 할 수 있습니다. 다시 말해 분노·불친절·질투·속임수만이 죄가 되는 것은 아닙니다. 도울 수 있는데도 돕지 않고, 자신의 재능을 제대로 활용하지 않는 행위 등도 죄에 해당됩니다.

모든 죄, 그리고 의무를 실행하지 않는 것은 컴퓨터 바이러스와 같습니다. 그것들은 우리의 삶을 더디고 슬프며 추하게 만듭니다. 한 가지 죄는 또 다른 죄를 불러와 나쁜 습관을 형성합니다. 어떤 사람들은 선행을 통해 스스로 악습을 개선할 수 있다고 생각하지만, 사실 그러한 생각은 자기 자신을 속이는 것입니다. 오히려 사람들은 자신의 죄를 고치려고 몇 번이고 노력하다가 그만 포기하고는 남들이 알아채지 못하게 감추기 일쑤입니다. 하지만 아무리 감추려고 해도 다 감출 수는 없습니다.

 → 226
세례성사를 통해 하느님과 화해했는데도 불구하고, 우리에게 또 다른 화해의 성사가 필요한 이유는 무엇인가요?

11.3 새롭게 시작할 기회를 주시는 하느님

우리가 저지르는 모든 죄는 하느님을 거역하는 행위라 할 수 있습니다. 하느님이 우리를 아주 훌륭하게 창조하셨음에도 불구하고, 우리는 하느님의 선물인 자기 자신을 어떻게 대하고 있나요? 우리는 자신이 서서히 더러워지고 추해지는 것을 지켜보기만 하는 경우가 많습니다. 하지만 하느님은 우리가 그렇게 변해 가는 것을 바라지 않으십니다. 그분은 우리가

→ 228
죄를 용서하실 수 있는 분은 누구인가요?

당신의 사랑스러운 자녀로 창조되었을 때처럼 다시 아름답고 활기차게 살 수 있도록 우리에게 기회를 주십니다.

→ 루카 15,11-32

'되찾은 아들의 비유'는 성경에 나오는 이야기 중에서 가장 아름다운 비유라고 할 수 있습니다. 그 비유는 하느님이 사랑과 자비로 가득 찬 분이시라는 것과, 우리가 어떠한 잘못을 저지르더라도 그분은 우리에게서 사랑을 거두지 않으신다는 것을 보여 줍니다.

우리의 죄가 '되찾은 아들'의 죄만큼 크지는 않을지라도, 우리에게도 크나큰 사랑으로 우리를 받아들이시고 모든 죄를 없던 것으로 만드시는 하느님의 자비가 필요합니다. "너희의 죄가 진홍빛 같아도 눈같이 희어질 것이다."(이사 1,18 참조) 하느님께 다시 완전하고 아름답게 만들어 주시기를 간절히 청하십시오. 주저하지 말고 고해성사를 보러 가십시오. 사제들도 고해성사를 보러 간다는 것을 생각해 보세요. 프란치스코 교황님도 하느님과 다시 화해하기 위해 2주에 한 번 고해소를 찾아, 고해 사제 앞에 무릎을 꿇고 자신의 죄를 고백합니다. 교황님의 죄를 듣는 사제의 모습도 떠올려 보세요.

 고해성사 시작하기

여러분은 고해성사의 과정에 대해 그릇된 생각을 갖고 있는지도 모르겠습니다. 혹시 다른 사람들의 시선을 살피며 고해소에 들어가 죄들을 줄줄 이야기하고 신부님 말씀을 잠깐 들은 다음 도망치듯 사라지면 된다고 생각하지는 않나요? 여러분에게는 고해성사를 보는 일이 치과에 가는 것만큼이나 싫은 일인가요?

오늘은 고해성사의 의미에 대해 한번 생각해 봅시다. 고해성사에 관해 더 자세히 알고 싶다면 《YOUCAT 고해성사》에서 확인할 수 있습니다.

→ 232
고해성사 때 고백자가 해야 할 일에는 어떤 것이 있나요?

 어떤 죄를 고백해야 하나요?

자신의 삶이 순조롭지 못하고 하느님의 사

📖 → 291
자기 행실이 선한지 악한지를 어떻게 판단할 수 있나요?

📖 → 349
'십계명'은 어떤 내용을 담고 있나요?

랑에 상응하지 못한 이유를 찾는 데에는 소위 '양심 성찰 목록'이 도움이 됩니다. 특히 이 목록은 고해성사를 보기 전에 자신의 행동을 돌아볼 때 좋습니다. 세상에서 가장 오래된 양심 성찰 목록은 '십계명'이지만, 그 밖에도 양심 성찰에 도움을 주는 수많은 목록들이 있으며, 오늘날에는 인터넷을 통해서도 찾아볼 수 있습니다. 아래에 실은 양심 성찰 목록을 보면서 자신을 돌아보는 시간을 마련해 보세요.

사랑 없이 행동하는 것뿐만 아니라, 자신이 최고라고 여기며 하느님의 사랑을 받아들이지 않는 것 또한 죄입니다. 하느님의 사랑을 거절할 때 다른 사람들도 사랑하지 않게 되기 때문입니다.

📖 → 315
죄란 무엇인가요?

삶의 즐거움을 누리는 것이 죄는 아닙니다. 그러나 삶의 가장 우선 순위에 즐거움을 놓고 어떤 대가를 치르더라도 그것을 얻고자 하는 것은 죄입니다.

돈을 많이 벌고자 하는 것이 죄는 아닙니다. 그러나 물질적 풍요를 행복의 전부로 여기는 것은 죄입니다. 또한 다른 사람들과 나누거나 다른 사람을 배려함으로써 자기 삶이 망가지지나 않을까 염려하는 것도 죄입니다.

자기 권리를 주장하는 것이 죄는 아닙니다. 그러나 자기 권리를 남용하거나 무자비하고 냉혹한 태도를 취하며 다른 사람의 권리를 무시하는 것은 죄입니다.

→ 289
인간이 악을 행하더라도 그에게 자유 의지를 허락해야 하나요?

성적인 욕구나 충동을 느끼는 것이 죄는 아닙니다. 그러나 욕망의 지배를 받거나 자신의 욕구 충족을 위해서 다른 사람을 이용하는 것은 죄입니다.

마음에 들지 않는 누군가가 있는 것이 죄는 아닙니다. 그러나 그들을 자신과 똑같이 하느님의 사랑을 받는 하느님의 자녀로 대하지 않는 것은 죄입니다.

다른 사람을 비판하는 것이 모두 죄는 아닙니다. 그러나 성급한 비판이나 지나친 비판으로 다른 사람을 깎아내리거나 상처를 주는 것은 죄입니다.

→ 396
그리스도인은 분노에 어떻게 대처해야 하나요?

다른 사람을 질투하거나 다른 사람에게 분노를 느끼는 것 자체가 죄는 아닙니다. 그러나 그러한 감정들을 극복하려 하지 않고 그 감정에 따라 행동하는 것은 죄입니다.

→ 466
시기심이란 무엇이며, 자신의 내면에서 시기심과 어떻게 싸워야 하나요?

다른 사람에 관해 이야기하는 것이 죄는 아닙니다. 그러나 다른 사람에 관한 악의에 찬 험담을 하는 것은 죄입니다.

분쟁 상황에서 침묵하는 것이 죄는 아닙니다. 그러나 누군가가 업신여김이나 모략을 당하고 거짓말의 희생양이 될 때 침묵하는 것은 죄입니다.

논쟁하는 것이 죄는 아닙니다. 그러나 갑자기 말다툼을 시작하고, 다른 사람의 말에 귀를 기울이지 않거나 관심을 보이지 않으며, 화해할 마음을 갖지 않는 것은 죄입니다.

→ 508
기도할 때 아무것도 느끼지 못하거나, 심지어 기도에 대한 반감이 드는 이유는 무엇인가요?

기도할 때 종종 공허한 마음을 느끼는 것이 죄는 아닙니다. 그러나 기도 시간을 아깝다고 여기거나, 하느님께 마음을 열고 그분의 목소리를 들으려는 노력을 전혀 기울이지 않는다면 죄가 됩니다.

때때로 자신의 신앙에 대해 확신을 갖지 못하는 것이 죄는 아닙니다. 그러나 신앙 공동체와의 관계를 끊거나 주일 미사에 참례하지 않으며, 지상의 것을 천상적인 것보다 더 중요하게 여긴다면 죄가 됩니다.

자신의 삶을 계획하는 것이 죄는 아닙니다. 그러나 그러한 계획을 세울 때 신앙을 대수롭지 않게 여기거나, 매일매일 하느님의 손에 놓여 있음을 의식하지 않는다면 죄가 됩니다.

견진성사의 의식과 거행

12 견진성사 때 일어나는 일

지금까지 이 책을 통해 교리를 충실히 공부했다면, 견진성사를 준비하면서 가장 중요한 것은 가족들이 견진성사를 축하하며 준비한 선물이나 맛있는 식사가 아니라, 견진성사를 통해 하늘과 땅, 곧 하느님과 여러분 사이에 일어나는 일 자체임을 알 수 있을 것입니다.

> 당신을 지어 내신 분은 당신 전체를 요구하십니다.
> **아우구스티노 성인**

- 여러분은 하느님의 선물인 성령을 받기 위해 "네."라고 대답할 것입니다.
- 그러면 성령이 여러분의 삶으로 들어오실 것입니다.
- 인간을 영원히 사랑하시는 하느님께 여러분이 되돌아가는 동안에도, 성령은 여러분을 결코 떠나지 않으실 것입니다.

→ 205
견진성사를 받으면 어떤 일이 일어나나요?

주교님의 강론이 끝나면 주교님 앞에서 여러분의 신앙을 고백해야 합니다. 신앙이 없으면 성사를 받을 수 없기 때문입니다. 진정으로 성령을 받기를 원한다면 하느님을 거역하는 모든 것들을 끊겠다고 맹세해야 합니다. 이제 주교님(또는 그분의 대리자)은 여러분에게 이렇게 물을 것입니다.

> ✚ 여러분은 마귀와, 마귀의 모든 행실과, 마귀의 모든 유혹을 끊어 버립니까?
> ● 예, 끊어 버립니다.

주교님의 질문이 이어집니다.

> ✚ 천지의 창조주이신
> 전능하신 하느님 아버지를 믿습니까?
> ● 예, 믿습니다.
>
> ✚ 성령으로 동정 마리아께 잉태되어 나시고,
> 고난을 받으시고 십자가에 못 박혀 돌아가시고
> 묻히셨으며, 죽은 이들 가운데서 부활하시고,
> 아버지 오른편에 앉으신 그 외아들
> 우리 주 예수 그리스도를 믿습니까?
> ● 예, 믿습니다.
>
> ✚ 일찍이 오순절에 사도들에게 내려오셨던 것처럼
> 오늘 견진성사를 통하여 특별한 모양으로
> 여러분에게 내려오시는
> 주님이시며 생명을 주시는 성령을 믿습니까?
> ● 예, 믿습니다.

그다음, 주교님은 여러분이 교회의 신앙을 진지하게 받아들이는지 묻습니다.

> ✚ 거룩하고 보편된 교회와
> 모든 성인의 통공과

죄의 용서와 육신의 부활과
영원한 삶을 믿습니까?
- 예, 믿습니다.

그러면 주교님은 우리의 신앙 고백을 받아들이고, 이를 교회의 신앙이라고 선포합니다.

✚ 이것이 우리의 신앙이요, 교회의 신앙이므로,
우리 주 예수 그리스도 안에서 이러한
신앙을 고백하는 것은 우리의 영광입니다.
◎ 아멘.

이어서 주교님은 미사에 참례한 모든 이들을 기도로 초대합니다. 이는 오순절에 초대 교회의 신자들이 성모님 주변에 모여 성령이 오실 것을 열정적으로 청했던 모습과 유사합니다. 그렇게 기도한 지 얼마 지나지 않아 성령이 불꽃 모양의 혀들로 내려오셨다는 이야기를 여러분도 알고 있지요? 이제 주교님은 신자들을 기도로 초대합니다.

 → 사도 2장

✚ 친애하는 형제 여러분,
전능하신 하느님 아버지께서
여기 있는 당신 자녀들을

> 세례 때에 이미 새로 나게 하셨으니
> 자비로이 성령을 보내시어
> 성령의 풍요한 선물로 이들을 굳게 하시고
> 성령의 능력으로 성자 그리스도를
> 완전히 닮게 하시도록 기도합시다.

미사에 참례한 모든 이들은 잠시 침묵 속에서 기도하며 마음을 다해 성령이 오시기를 청합니다. 이때에는 무릎을 꿇고 기도하는 것이 기도에 더 집중할 수 있어 좋습니다.

그런 다음 주교님은 팔을 벌리고 기도합니다. 이를 통해 미사에 참례한 모든 이들의 기도를 하나로 모아 말로 표현합니다.

> ✚ 우리 주 예수 그리스도의 아버지,
> 전능하신 하느님,
> 여기 있는 이 교우들을 물과 성령으로
> 다시 나게 하시고
> 죄에서 해방시키셨으니
> 이 교우들에게 파라클리토 성령을 보내 주소서.
> 지혜와 통찰의 영
> 의견과 용기의 영
> 지식과 공경의 영
> 주님을 두려워하는 외경의 영을 보내 주소서.
> 우리 주 그리스도를 통하여 비나이다.
> ◎ 아멘.

이제 본격적인 견진 예식이 진행됩니다. 부제님이 주교님에게 축성 성유 그릇을 가져다줍니다.

> **축성 성유**
>
> 교회 전례에 쓰는 거룩한 기름으로, 보통 성주간 목요일에 성유 축성 미사에서 주교님이 축성합니다. 고대 이스라엘에서는 왕이나 사제, 예언자에게 축성 성유를 발랐습니다. 예수님의 칭호인 '그리스도'는 그리스어로 '기름부음받은 이'를 의미합니다. 견진성사를 받는 이들은 예수 그리스도에게 속한 사람들이기 때문에 위대한 왕이요 사제이며 예언자이신 그리스도의 품위를 함께 지니게 됩니다. 또한 축성 성유에서 나는 좋은 향기는 견진성사를 받는 이들도 그리스도의 향기, 곧 복음을 퍼뜨려야 한다는 상징적인 의미를 담고 있습니다.

> ❞
> 저는 무언가를 행하고 무엇이 되라는 소명을 받았는데, 그 소명은 어느 누구도 받지 못한 것입니다. 저는 하느님의 계획과 하느님 나라에 저의 자리를 갖고 있는데, 그 자리는 어느 누구도 갖지 못한 것입니다. …… 하느님은 저를 알고 계시며 제 이름을 통해 저를 부르고 계십니다.
>
> **존 헨리 뉴먼 성인**

견진성사를 받을 사람들이 한 사람씩 주교님 앞으로 나오면, 대부모가 그 곁을 따릅니다.

대부모는 견진자의 어깨 위에 오른손을 얹고 견진자의 세례명을 주교님께 알려 드립니다. 경우에 따라서는 견진자가 자

기 세례명을 직접 말하기도 합니다.

　주교님은 오른손 엄지 끝에 축성 성유를 찍어 견진자의 이마에 십자 표시를 할 때, 그 손으로 안수하면서 말합니다.

✚ (　　　), 성령 특은의 날인을 받으십시오!
● 아멘.

"아멘."은 "네, 그렇게 되기를 바랍니다."라는 뜻입니다.
그러면 주교님은 평화를 기원해 줍니다.

✚ 평화가 (　　　)와 함께.
● 또한 사제의 영과 함께.

　이로써 견진성사는 마무리됩니다.

대부모 제도

　대부모 제도는 초대 교회에서부터 도입한 매우 오래된 제도입니다. 사실 견진성사를 준비하면서 좋은 대부모를 찾는 일은 매우 중요합니다. 그들은 가톨릭교회의 신자로서 모범적인 신앙생활을 하는 사람이어야 합니다. 신앙생활을 전혀 하지 않지만 견진성사를 축하하며 흔쾌히 값비싼 선물을 하는 사람이 대부모가 되는 것은 바람직하지 않습니다. 대부모는 견진성사 날에만 여러분을 돌보는 것이 아니라, 여러분의 삶과 신앙이 성장할 수 있도록 돌봐야 하기 때문입니다. 말하자면 대부모는 여러분에게 하느님을 사랑하는 법을 가르치는 개인 코치라 할 수 있습니다.

　견진 대부나 대모는 성사가 베풀어지는 순간에 대자나 대녀의 어깨 위에 손을 얹음으로써 자신이 대부모의 직무를 맡겠다는 뜻을 신앙 공동체 앞에서 밝히게 됩니다.
　대부모가 꼭 갖추어야 할 자격은 다음과 같습니다.

1 대부모의 임무를 수행할 만큼 충분히 성숙해야 합니다.
2 세 가지 입교 성사인 세례 · 견진 · 성체성사를 받아 가톨릭교회에 속해야 합니다.
3 대부모의 임무를 수행하는 일이 법으로 금지되지 않아야 합니다.

이어서 오늘 견진성사를 받은 이들과 그들의 부모와 대부모, 거룩한 교회와 교황과 주교 등을 위해 보편 지향 기도를 바칩니다.

견진성사에서 특히 중요한 것은 여러분의 이마에 성령의 날인이 새겨졌다는 사실입니다. 베네딕토 16세 교황님은 호주 시드니 시에서 열린 세계 청년 대회에서 이마에 새겨진 날인이 어떤 의미를 지니는지에 관해 설명하셨습니다.

"성령의 '날인'을 받는다는 것은 무엇을 뜻할까요? 그것은 지워지지 않는 표지를 지닌다는 것과, 끊임없이 쇄신하는 새로운 피조물이 된다는 것을 의미합니다. 그러므로 이러한 선물을 받은 우리 모두는 옛것에 머물러서는 안 됩니다. '성령으로 세례를 받았다'는 것은 하느님의 사랑으로 불타올랐음을 뜻합니다. '성령으로 물들었다'는 것은 우리와 세상을 위한 주님의 놀라운 계획을 통해 우리가 활력을 얻고

→ 1코린 12,13

,,
여러분은 세례와 견진성사의 의미를 깊이 있게 거듭 숙고하여야 합니다. 이 두 가지 성사 안에, 그리스도인의 삶과 성소의 근본 유산이 담겨 있기 때문입니다.

요한 바오로 2세 성인 교황

그로써 우리 자신이 다른 이들을 위한 영적인 활력의 원천이 되는 것을 의미합니다. 성령의 날인을 받았다는 것은 사랑의 문명이 승리하도록 투신하는 일에 두려워하지 않으며, 그리스도를 옹호하고, 복음의 진리가 우리의 시각과 사고와 행위에 스며들게 하는 것을 의미합니다."

**최선을 다해 하느님을 사랑하십시오!
하느님이 여러분과 함께하십니다.**

사진 제공

Lisa Barber 8쪽; P. Leo Maasburg 11쪽; Jerônimo Lauricio 14, 44, 102쪽; 진익현 20, 120, 162쪽; Jon Worth 21쪽; Schnorr von Carolsfeld, Erschaffung der Walt 26쪽; Elianne Makhoul 39, 68쪽; fisherman.fm 47, 130쪽; Maria Clara Costa 53쪽; Luc Serafin 54쪽; picture-alliance / dpa 57쪽; Creative Commons Lizenz by-sa-3.0: Reysanchez 60쪽; Pawel Strykowski 62쪽; Reinisch-Sekretariat Vallendar 64쪽; Peter Goda 66~67, 117, 124, 144~145쪽; Kathleen Wolfe 79쪽; 임찬양 86, 104쪽; S. Leutenegger © Ateliers et Presses de Taizé, F-71250 Taizé-Communauté 97쪽; Felix Löwenstein 103쪽; Gerhard Weiss 115쪽; Platytera, Griechisch-Orthodoxe Kirche, Alte Schule 3, 51645 Gummersbach, Deutschland, Ikonemaler: Konstantinos Chondroudis 125쪽; Jessica Abu Haydar 134쪽; Eva Greitemann 152쪽; Dirk Egger, JUGEND2000 Regensburg 161쪽; Tobias Bunk 168쪽

하느님,
당신의 눈을 바라볼 수 있어
얼마나 좋은지요.

당신은
사랑이 가득 찬 눈길로
저를 보시고

저도 당신을
봅니다.

우리의 눈길이 마주칠 때까지
오래도록, 아주 오래도록
당신이 거기 계시다는 것을
저는 알고 있습니다.

하느님,
저의 마음을 봐 주소서.

당신과 제 사이를 가로막는
모든 것을 치워 주소서.

당신께 저의 삶을
선물하고 싶습니다.
어떻게 하면 되는지
말씀해 주소서.

아멘.

성령 그 자체가 선물이지요!
사랑이시며, 그대를 예수님과 사랑에
빠지게 하는 그 성령 말입니다.

프란치스코 교황

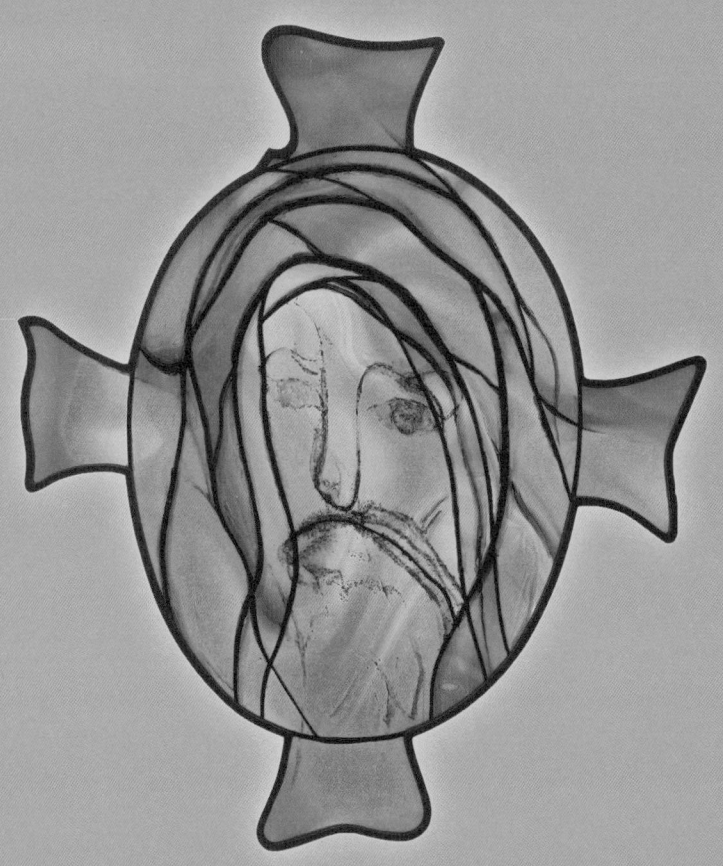

시토회 사제인 라파엘 슈타트의 작품, 〈YOUCAT 십자가〉